어제보다 더 나은
나를 위한 영어 필사책

Dear

북킷 지음

My Sentence

하루 한 문장 나를 위한 영어 라이팅북

CYPRESS
사이프레스

나만의 시간을 찾고,
영어를 배우며 스스로에게 다정해지는 여정

영어를 잘하기 위해 가장 쉬운 방법은 무엇일까요? 저희가 찾은
답은 하나입니다.

'영어를 진심으로 즐길 수 있게 되는 것.'

영어를 잘하기 위해 무작정 노력하는 사람이 많습니다.
더 좋은 학교, 더 좋은 직장, 혹은 더 많은 기회를 잡기 위해 영어를
공부해야 한다고 말합니다. 하지만 억지로 공부할수록 영어가
점점 더 부담스러워지는 경험을 해봤을 거예요. 이 책을 통해
영어를 단순히 배워야 할 지식으로만 여기지 않았으면 좋겠습니다.
영어를 배운다는 것은 더 넓은 세상을 경험하는 것, 우리의 삶을

더 풍요롭게 만들어 줄 친구 한 명을 사귀는 일과도 같다고
생각합니다.

◇ 필사의 힘을 믿나요?

손으로 문장을 쓰는 행위는 단순히 글자를 옮기는 일이 아닙니다.
글귀를 옮겨 적는 그 과정에서 문장의 의미가 마음에 스며들고,
낯설던 단어들이 손끝에 익숙해지며, 어느새 머릿속의 복잡했던
생각들까지 하나씩 정리되는 마법. 영어 문장을 따라 쓰며
아침을 시작하면 신기하게도 마음이 한결 가벼워집니다. 문장
속의 긍정적인 메시지와 감정이 하루를 바라보는 마음의 태도를
바꾸기라도 한 것처럼요.

"You don't have to be great to start, but you have to start to be
great."(지그 지글러, 위대하게 시작할 필요는 없지만 시작해야 위대해질 수
있다.)

이 문장을 따라 쓰고 나면 '완벽해야 한다'라는 부담에서 벗어나
하루의 첫걸음을 내디딜 용기를 얻게 되는 식이었어요. 아침에
만나는 한 문장은 일상에 작지만 확실한 성취감을 선물해
주었습니다. "오늘도 해냈구나"라고 나 자신을 격려하고, 오늘
하루를 기대하게 했어요.

여러분도 잠시 시간을 내서 한 문장을 따라 써 보세요. 이 작은 습관이 단순히 영어를 공부하는 것을 넘어 삶에 변화를 불러올 것입니다. 한 단어, 한 문장을 따라 손이 움직이는 동안 마음이 어떻게 달라지는지 느껴보세요. 어느새 그 문장을 통해 나만의 이야기를 만들어 가는 자신을 발견하게 될 거예요. 저희가 그랬듯이, 이 책이 여러분에게 하루의 쉼표이자 출발점이 되기를 바랍니다.

이제 이 책의 첫 페이지를 열고 나만의 문장을 써 내려가 볼까요?

북킷의 튜터 릴리와 제니로부터

이 책의 활용법

① 영어 원문
영어 학습에 두려움을 느끼는 초보자들도 부담 없이 시작할 수 있도록 짧고 쉬운 문장을 골랐습니다.
오랜 세월 사랑받았던 대가들의 말과 문장을 나에게 선물한다는 마음으로 음미해 보세요.

② 한국어 번역문
영어를 원어 그대로 받아들일 수 있도록 직독직해로 받아들일 수 있게 번역문을 정리했습니다.

③ 오늘의 질문과 팁
문장을 읽고, 마음에 새기기 위해 질문하기보다 더 좋은 방법은 없을 것입니다. 일상에 적용할 수 있는
질문을 달아 두었습니다. 이 구조에 익숙해진다면 각자의 상황에 맞춰 스스로 질문을 만들어 보는
것도 좋습니다.

④ 오늘의 다짐
배운 문장을 자기 상황에 맞게 응용하거나 오늘의 다짐을 작성할 수 있게 북킷의 예시 답변을 달아
두었습니다. 이 코너를 통해 당장 시작할 수 있는 작은 일부터 적고 실천하거나 소소한 계획을 세워
보는 시간을 가지길 바랍니다.

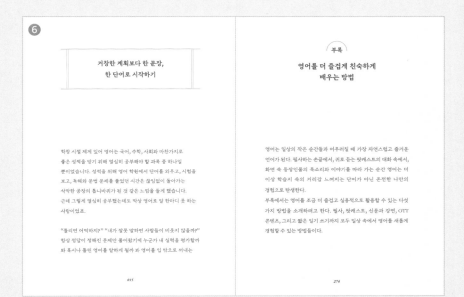

⑥

거창한 계획보다 한 문장,
한 단어로 시작하기

부록

영어를 더 즐겁게 친숙하게
배우는 방법

학창 시절 제게 있어 영어는 국어, 수학, 사회와 마찬가지로,
좋은 성적을 받기 위해 열심히 공부해야 할 과목 중 하나일
뿐이었습니다. 성적을 위해 영어 학원에서 단어를 외우고, 시험을
보고, 독해와 문법 문제를 풀었던 시간은 끊임없이 돌아가는
삭막한 공장의 톱니바퀴가 된 것 같은 느낌을 들게 했습니다.
근데 그렇게 열심히 공부했는데도 막상 영어로 말 한마디 못 하는
사람이었죠.

"틀리면 어떡하지?" "내가 잘못 말하면 사람들이 비웃지 않을까?"
항상 정답이 정해진 문제만 풀어왔기에 누군가 내 실력을 평가할까
봐 혹시나 틀린 영어를 말하게 될까 봐 영어를 입 밖으로 꺼내는

영어는 일상의 작은 순간들과 어우러질 때 가장 자연스럽고 즐거운
언어가 된다. 필사하는 손끝에서, 귀로 듣는 팟캐스트의 대화 속에서,
화면 속 등장인물의 목소리와 이야기를 따라 가는 순간 영어는 더
이상 학습지 속의 거리감 느껴지는 단어가 아닌 온전한 나만의
경험으로 탄생한다.
부록에서는 영어를 조금 더 즐겁고 실용적으로 활용할 수 있는 다섯
가지 방법을 소개하려고 한다. 필사, 팟캐스트, 신문과 강연, OTT
콘텐츠, 그리고 짧은 일기 쓰기까지 모두 일상 속에서 영어를 새롭게
경험할 수 있는 방법들이다.

⑤ 필사 노트

읽은 문장을 직접 책에 써 볼 수 있는 페이지입니다. 매번 꾸준히 써 보는 과정을 통해 나만의 영어 공부 루틴을 만들어 보세요. 필사라는 단순한 행동을 매일 반복함으로써 영어 실력뿐만 아니라 꾸준히 자신을 발전시키는 습관의 힘을 경험하게 될 것입니다.

⑥ 칼럼과 부록 페이지

영어 공부에 대한 북킷의 경험과 방법을 담았습니다. 학교 다니며 공부했던 대로 점수를 위한 공부가 아니라 일상에서 즐겁게 영어에 가까워질 수 있는 방법을 제안합니다.

⑦ 저자 발음 영상

각 챕터마다 저자의 발음으로 영어 원문과 오늘의 질문에 해당하는 문장을 들을 수 있는 영상이 준비되어 있습니다.

목차

CHAPTER 4

Restart _ **다시 일어서는 나를 위해**

CHAPTER 5

Beyond _ 끝이 아닌 새로운 시작

CHAPTER 1

오늘이라는 작은 시작

릴리 이야기

◇

어린 시절, 매일 밤 책을 읽으며 잠들던 릴리(Lily)는 결국 책을 사랑하는 마음을 키워 원서 북클럽을 운영하는 사람이 되었습니다. 유학 경험 없이, 전형적인 한국식 영어 교육을 받으며 자란 그녀가 어떻게 원서 북클럽까지 이끌게 되었을까요?

시험을 위한 공부가 아닌, 세계를 넓혀 주는 도구로서의 영어를 만나게 된 것이 시작이었습니다. 영어가 단순한 학습 대상이 아니라, 더 넓은 세상과 연결되는 다리가 될 수 있음을 깨닫고 나서부터 영어와 점점 가까워졌습니다. 그렇게 경험을 쌓아가다 보니 어느새 영어를 자연스럽게 즐기게 되었죠.

평일에는 기획자로, 주말에는 원서 독서 모임 '북킷(Bookit)' 운영자로 바쁜 나날을 보내면서도, 영어를 향한 열정과 희망을 잃지 않습니다. 릴리는 영어가 삶에 스며들 때 진정으로 즐길 수 있다는 것을 몸소 경험했고, 그 소중한 깨달음을 더 많은 사람과 나누고 싶어 이 책을 쓰게 되었습니다.

저자 발음 영상

거창한 계획보다 한 문장,
한 단어로 시작하기

학창 시절 제게 있어 영어는 국어, 수학, 사회와 마찬가지로
좋은 성적을 받기 위해 열심히 공부해야 할 과목 중 하나일
뿐이었습니다. 성적을 위해 영어 학원에서 단어를 외우고, 시험을
보고, 독해와 문법 문제를 풀었던 시간은 끊임없이 돌아가는
삭막한 공장의 톱니바퀴가 된 것 같은 느낌을 들게 했습니다.
근데 그렇게 열심히 공부했는데도 막상 영어로 말 한마디 못 하는
사람이었죠.

"틀리면 어떡하지?" "내가 잘못 말하면 사람들이 비웃지 않을까?"
항상 정답이 정해진 문제만 풀어왔기에 누군가 내 실력을 평가할까
봐 혹시나 틀린 영어를 말하게 될까 봐 영어를 입 밖으로 꺼내는

것이 겁났습니다. 그러던 어느 날, 우연히 친구가 추천한 영어 문장을 쓰게 되었는데 평상시 보던 긴 수능 독해 지문과는 다르게 아주 간단한 것이었습니다.

"Every accomplishment starts with the decision to try."(존 F. 케네디, 모든 성취는 시도하려는 결심에서 시작된다.)

그날 다이어리의 한 귀퉁이에 그 문장을 따라 쓰며 마음속에 작은 울림이 생겼습니다. 지금까지 영어를 어렵게만 느꼈던 이유는 '시도' 자체를 두려워했기 때문이란 생각이 들었습니다. 단어 하나 문장 하나를 배우는 순간에도 완벽해야 했고, 그것이 점수로 매겨져 좋은 성적 좋은 학교 좋은 직장의 당락을 결정짓는 잣대가 될 것이라는 믿음. 하지만 그 문장을 따라 쓰는 동안 처음으로 영어가 다르게 다가왔습니다. 그 단순한 문장 하나를 따라 쓰고 나니 마음속에 작은 성취감이 느껴졌습니다. 그리고 생각했습니다. "어? 이렇게 써보니까 영어가 제대로 이해가 되네?"

그 후로 저는 영어를 거창하게 배우려 하지 않았습니다. 대신에 한 문장, 한 단어씩 천천히 써보며 영어라는 언어가 주는 울림을 진심으로 알아가기 시작했죠. 제게 영어는 이제 더는 시험의 대상이 아니었습니다. 매순간 새로운 즐거움으로 다가왔습니다.

그 작은 즐거움이 모여 지금은 영어로 감정을 표현할 수 있을 만큼
자신감이 생겼습니다. 여전히 영어는 어렵지만 어려움이 저를
위축시키지 않습니다.

한 문장을 써 내려갔던 바로 그 순간이 그 첫걸음이었습니다.
영어를 배우는 것에 집중하지 않고, 영어라는 언어로 내 인생을
풍요롭게 만들어 가는 것에 집중하게 되는 일. 그 첫걸음이
필요하다면 북킷이 준비한 문장을 함께 써 보길 바랍니다.
완벽하지 않아도 괜찮습니다. 그저 천천히 문장이 주는 울림과
거기에 반응하는 마음에 귀를 기울이는 것만으로 충분합니다.
영어를 조금 다른 시각으로 바라보게 되는, 바로 그 순간이 새로운
시작점이 될 테니까요.

Q

What does English mean to you?

당신에게 영어는 어떤 존재인가요?

"To live will be an awfully big adventure."

산다는 건 정말 멋진 모험이 될 것이다.

J.M. Barrie, 《Peter Pan》

"What's a little adventure you'd love to explore today?"

오늘 탐험하고 싶은 소소한 모험은 무엇인가요?

Tip '모험'은 특별한 일이 아니더라도 일상에 의미를 부여할 때 발견됩니다.

"I might take a walk in the park during lunch —something I don't usually do."

점심에는 공원 산책을 해볼까 해. 평상시 잘 하지 않는 일이지만 말야.

"I can write a quick note to someone I haven't talked to in a while."

오랫동안 연락하지 않았던 누군가에게 간단한 메시지를 보낼 수 있어.

Today's Sentence

Today's Answer

"The secret of getting ahead is getting started."

앞서 나가는 비결은 시작하는 것이다.

Mark Twain

"What's one thing you've been putting off?"

미뤄두고 있던 일이 하나 있다면 무엇인가요?

Tip 완벽한 계획보다 중요한 건 '행동'입니다.

Bookit's Examples

"I'd like to listen to that TED talk I saved weeks ago."

몇 주 전에 저장해 둔 TED 강연을 듣고 싶어.

"I'll take a moment to write down my thoughts in English."

잠시 시간을 내어 내 생각을 영어로 적어볼 거야.

Today's Sentence

Today's Answer

"The man who moves a mountain begins by carrying away small stones."

산을 움직이는 사람은 작은 돌을 옮기는 일부터 시작한다.

Confucius

Today's Question

"What's your low-hanging fruit today?"

오늘 쉽게 실천할 수 있는 일은 무엇인가요?

Tip   실천할 수 있는 작은 목표부터 시작해 보세요.

Bookit's Examples

"Tomorrow, I'll wake up 20 minutes earlier to jot down my to-do list."

내일은 20분 일찍 일어나서 할 일을 정리할 거야.

"For 15 minutes, my phone goes off, and a podcast goes on."

15분 동안 휴대폰을 끄고 팟캐스트를 켜둘 거야.

Date.   .   .

Today's Sentence

Today's Answer

"Keep your face always toward the sunshine—and shadows will fall behind you."

얼굴을 항상 햇빛 쪽으로 향하면, 그림자는 뒤로 떨어질 것이다.

Walt Whitman

Today's Question

"What's something simple that always brings a smile to your face?"

항상 미소 짓게 만드는 작은 일은 무엇인가요?

Tip 오늘 당신을 미소 짓게 만드는 햇빛 같은 순간을 찾아보세요.

Bookit's Examples

"A warm cup of coffee on a quiet morning always lifts my mood."

조용한 아침에 마시는 따뜻한 커피 한 잔은 언제나 기분 좋게 해.

"Flipping through old photos of good memories makes me smile"

좋은 추억이 담긴 옛 사진들을 볼 때마다 미소가 지어져.

Today's Sentence

Today's Answer

"I recommend to you to take care of the minutes; for hours will take care of themselves."

시간을 소중히 여긴다면 시간은 저절로 잘 관리될 것이다.

Earl Of Chesterfield, 〈Letters To His Son〉 Part One

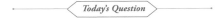

Today's Question

"How do you make sure every minute counts?

모든 순간을 의미 있게 만드는 방법은 무엇인가요?

Tip 작은 시간을 잘 활용하는 것이 장기적으로 더 큰 효과를 가져옵니다.

Bookit's Examples

"I set a timer for 25 minutes to focus on studying without distractions."

방해 없이 공부에 집중하기 위해 25분 타이머를 설정해.

"I use Google Calendar to organize my daily tasks and keep track of deadlines."

구글 캘린더를 사용해 일과를 정리하고 마감일을 관리해.

Date.   .   .

Today's Sentence

Today's Answer

"Great things are not done by impulse, but by a series of small things brought together."

위대한 일은 충동적으로 생기지 않는다. 작은 일들이 모여 만들어진다.

Vincent Van Gogh

Today's Question

"What's one small habit that's become second nature to you?"

자연스럽게 몸에 밴 작은 습관은 무엇인가요?

Tip   이미 몸에 밴 습관들을 돌아보고, 그것들이 어떻게 일상에서 도움이 되었는지 생각해 보세요.

Bookit's Examples

"I tidy up my desk each morning to keep things in order."

매일 아침 책상을 정리해서 정돈된 상태를 유지해.

"I make it a habit to go for a 30-minute run every evening."

매일 저녁 30분 동안 달리는 것을 습관으로 삼고 있어요.

Date.   .   .

Today's Sentence

Today's Answer

029

007

"Little strokes fell great oaks."

작은 도끼질이 큰 참나무를 쓰러뜨린다.

Benjamin Franklin

Today's Question

"What's one small step you took today that you feel proud of?"

오늘 당신이 한 행동 중에서 자랑스럽다고 느낀 것은 무엇인가요?

Tip 목표는 반드시 크고 거창할 필요가 없습니다. 조금씩 천천히, 매일 꾸준히 하는 작은 행동들이 결국 큰 변화를 만들어 냅니다.

Bookit's Examples

"Walking for 20 minutes every evening has improved my health little by little."

매일 저녁 20분씩 걸었더니 건강이 조금씩 좋아지고 있어.

"I study 10 words a day, and now I can have simple conversations."

하루에 열 단어씩 공부했더니 이제 간단한 대화를 할 수 있어.

Today's Sentence

Today's Answer

008

"It is never too late to be what you might have been."

당신이 될 수 있었던 사람이 되는 데 결코 늦은 때란 없다.

George Eliot

Today's Question

"What's one thing you've always wanted to do but haven't started yet?"

항상 하고 싶었지만 아직 시작하지 않은 일은 무엇인가요?

Tip 오늘은 그동안 미뤄왔던 일 중 하나를 작은 걸음으로라도 시작해 보세요.

Bookit's Examples

"I'll bake my first loaf of bread this weekend."

처음으로 이번 주말에 빵을 구울 거야.

"I've been planning to start a journal with a fountain pen for a long time."

만년필로 일기 쓰는 걸 오래전부터 계획했었어.

Today's Sentence

Today's Answer

009

"Begin at the beginning, and go on till you come to the end."

처음부터 시작해서 끝까지 가라.

Lewis Carroll, 《Alice's Adventures in Wonderland》

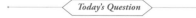 Today's Question

"What's one thing you started but didn't finish, and why?"

시작했지만 끝내지 못했던 일과 이유는 무엇인가요?

Tip 끝까지 가지 못한 일들을 돌아보며 그때의 어려움을 떠올려 보세요.

 Bookit's Examples

"I started painting, but I paused because I wasn't happy with it."

그림을 그리기 시작했지만 마음에 들지 않아서 잠시 멈췄어.

"Blogging seemed like a good idea, but I ran out of topics quickly."

블로그 쓰기가 좋아 보였지만 쓸 주제가 금방 떨어졌어.

Today's Sentence

Today's Answer

"Be alone, that is the secret of invention; be alone, that is when ideas are born."

혼자 있으라. 그것이 발명의 비밀이다. 혼자 있을 때 아이디어가 탄생한다.

Nikola Tesla

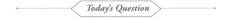

Today's Question

"When was the last time you enjoyed being alone, and what did you do?"

마지막으로 혼자만의 시간을 즐긴 적이 언제였고, 그때 무엇을 했나요?

Tip 잠시 외부의 소음에서 벗어나 자신과 대화하며 내면의 목소리에 귀를 기울여 보세요.

Bookit's Examples

"I took a stroll through the park and enjoyed the fresh air."

공원을 산책하며 신선한 공기를 즐겼어.

"I stopped by a quiet cafe and sipped my coffee while watching people pass by."

조용한 카페에 들러 커피를 마시며 지나가는 사람들을 구경했어.

Date. . .

Today's Sentence

Today's Answer

037

제니 이야기

◇

제니(Jennie)는 캐나다와 미국에서 유학하며 언어의 장벽을 넘어선 경험을 쌓았습니다. 영어를 단순한 학습 대상이 아니라 삶의 일부로 받아들이며 익혀 나갔고, 미국 대학을 졸업한 후 원어민처럼 자연스럽게 구사하게 되었습니다. 하지만 그 과정이 쉽지만은 않았습니다. 낯선 환경에서 부딪히고 좌절하며 얻은 깨달음이 그녀의 영어 학습법을 더욱 단단하게 만들었습니다. 그녀는 책을 통해 배우고 탐구하는 것을 즐기며 매달 30권 이상의 책을 원서로 읽는 '애독가'입니다. 독서를 통해 단순한 언어 습득을 넘어 다양한 지식과 문화를 경험하는 데 즐거움을 느낍니다. 영어를 가르치는 일 역시 그녀에게는 단순한 직업이 아닌, 8년 넘게 이어온 소중한 소명이자 큰 기쁨입니다. 언어를 배우는 모든 이들이 영어를 통해 새로운 세상을 경험할 수 있기를 바라는 마음으로 이 책을 집필하였습니다.

그냥 영어로 생각해

지금 제게 영어는 모국어인 한국어보다 자연스러운 언어입니다.
캐나다로 유학갔던 10대 시절부터, 영어는 제 삶의 언어로
자리 잡았습니다. 그러나 그 과정이 항상 순조로웠던 것은
아니었습니다. 낯선 나라에서, 낯선 언어를 배우는 것은 그야말로
끝없는 시행착오의 연속이었습니다.

처음 캐나다에 갔을 때 모든 영어 문장이 암호처럼 느껴졌던
기억이 생생합니다. 선생님이 한 문장을 말하면, 머릿속에서 그걸
한국어로 번역하며 이해하려 애쓰느라 수업 내용을 따라가지
못하는 날의 연속이었죠. 수업 시간에 선생님이 질문을 할 때마다
번역 과정 때문에 머릿속이 하얘지던 순간들.

"아, 나도 뭔가 대답을 해야 하는데……."

머릿속으로 선생님의 질문을 번역하고 이해한 뒤 대답하려는 순간, 이미 다른 학생이 답을 말하고 있는 상황. 그럴 때마다 영어는 자꾸만 나를 뒤처지게 만드는 장애물처럼 느껴졌습니다.

그렇게 힘들어하던 어느 날, 한 선생님이 이런 말을 해주셨죠. "Think in English, Jennie. Don't translate. Just think." (제니, 영어로 생각해. 번역하려고 하지 말고, 그냥 영어로 생각해 봐.)

선생님의 그 말 한마디는 제게 커다란 변화를 가져왔습니다. 영어를 머릿속에서 한국어로 번역하는 과정 없이 영어 자체로 받아들이기 시작한 순간, 그동안의 힘들었던 시행착오가 무색할 만큼 영어가 너무나도 쉽게 삶에 들어왔습니다. 하루하루 영어로 생각하다 보니 문장을 읽거나 쓸 때도 자연스럽게 영어로 표현하는 게 익숙해졌습니다. 그리고 그날부터 지금까지 영어는 '영어 그 자체'로 생각하며 살아가게 되었습니다.

영어로 생각한다는 건 단순히 언어를 넘어 삶의 방식을 조금씩 바꾸는 일이기도 합니다. 예를 들어, 아침에 눈을 뜨면 머릿속엔 항상 이런 문장이 떠오릅니다.

"How can I make the most of today?" (오늘을 최대한 의미 있게 보내려면 어떻게 해야 할까?)

그 짧은 문장이 하루를 시작하는 마음 자세를 바꿔놓습니다. 영어를 배우는 것에는 단순히 새로운 언어를 배우는 것 이상의 의미가 있습니다. 이 글을 읽는 당신도 그 과정을 통해 삶을 바라보는 새로운 시각을 얻게 될 것입니다. 한 문장을 쓰며 시작하는 그 작은 연습이 당신의 하루와 생각을 바꿀 것입니다.

Q

"Which English sentence excites you the most?"

당신을 가장 설레게 만드는 영어 문장은 무엇인가요?

011

"I have no special talents. I am only passionately curious."

내게 특별한 재능은 없다. 나는 단지 열정적으로 호기심이 많을 뿐이다.

Albert Einstein

Today's Question

"When was the last time you learned something new out of pure curiosity?"

순수한 호기심을 갖고 새로운 것을 배운 적은 언제인가요?

Tip 영어 학습에서 중요한 것은 완벽함이 아니라 과정을 즐기는 태도입니다.

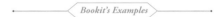

Bookit's Examples

"My friend used the phrase 'spilling the tea,' so I learned that it means sharing gossip."

친구가 'spilling the tea'라는 말을 써서, 그게 소문을 공유한다는 뜻이라는 걸 배웠어.

"I didn't understand every word in the movie, but I enjoyed following the story."

영화를 보면서 모든 단어를 이해하지 못했지만, 이야기를 따라가는 즐거움이 있었어.

Date. . .

Today's Sentence

Today's Answer

(012)

"What we learn with pleasure, we never forget."

즐거움으로 배운 것은 절대 잊지 않는다.

Alfred Mercier

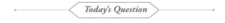

Today's Question

"What's the funniest word or expression you've come across while learning English?"

영어를 배우면서 접한 가장 재미있는 단어나 표현은 무엇인가요?

Tip 영어를 직역하면 웃기거나 흥미로운 표현이 많습니다. 이런 표현을 발견하고 뜻을 탐구하다 보면 학습이 즐거운 경험이 됩니다.

Bookit's Examples

"I heard someone say 'when pigs fly,' and I spent five minutes imagining pigs with tiny wings—it was hilarious!"

누군가가 'when pigs fly'라고 말해서 5분 동안 돼지들이 작은 날개를 단 모습을 상상했는데,

정말 웃겼어!

"I found out 'hit the books' means to study hard—it's not about literally hitting books!"

나는 'hit the books'가 열심히 공부한다는 뜻이라는 걸 알았어. 책을 때리는 게 아니더라!

Today's Sentence

Today's Answer

* when pigs fly: 현실적으로 불가능한 일이나 상황

* hit the books: 열심히 공부하다.

013

"To be yourself in a world that is constantly trying to make you something else is the greatest accomplishment."

가장 위대한 성취는 당신을 다른 사람으로 바꾸려는 세상 속에서

진정한 자신이 되는 것이다.

Ralph Waldo Emerson

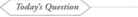

Today's Question

"What's one thing that makes you feel like yourself?"

당신을 가장 나답게 느끼게 해주는 것은 무엇인가요?

Tip 남의 기준이나 속도에 맞추기보다는 자신에게 맞는 방식으로 즐기며 배워 보세요.

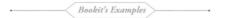

Bookit's Examples

"Writing down my thoughts in English helps me reflect on who I really am."

영어로 생각을 적으면 내가 진짜 누구인지 되돌아보게 돼.

Today's Sentence

Today's Answer

"The moment you doubt whether you can fly, you cease forever to be able to do it."

당신이 날 수 있을지 의심하는 순간, 영원히 날 수 없게 된다.

J.M. Barrie, 〈Peter Pan〉

Today's Question

"What's something you once doubted but achieved?"

한때 의심했지만 결국 해냈던 것은 무엇인가요?

Tip 스스로에 대한 의심을 버리고, 작은 성취를 통해 스스로를 격려해 보세요.

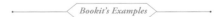

Bookit's Examples

"I didn't think I could finish reading my first English book, but I did it one chapter at a time."

첫 영어책을 완독할 수 있을까 걱정했지만 한 챕터씩 읽어 나가며 결국 해냈어.

"I doubted I could run a marathon, but step by step, I crossed the finish line."

마라톤을 완주할 수 있을까 의심했지만, 한 걸음씩 나아가서 결승선을 넘었어.

Today's Sentence

Today's Answer

015

"It is not in the stars to hold our destiny but in ourselves."

운명은 별에 달린 것이 아니라 우리 자신에게 달려 있다.

William Shakespeare

Today's Question

"What's one decision you made that shaped your life?"

당신의 삶을 변화시킨 결정 하나는 무엇인가요?

Tip 우리의 인생은 스스로의 선택과 행동이 변화를 만들고 원하는 방향으로 삶을 이끌어 갑니다.

Bookit's Examples

"I decided to learn English every day for just 10 minutes, and now it's opened so many doors for me."

하루 10분씩 영어 공부하기로 결심했는데, 그것이 내게 많은 기회를 열어줬어.

"I once chose to take a break from social media, and it gave me peace."

한때 나는 소셜미디어에서 잠시 떠나기로 선택했는데, 그것이 나에게 평온함을 주었어.

Today's Sentence

Today's Answer

"Man is most nearly himself when he achieves the seriousness of a child at play."

사람은 놀이에 몰두한 아이의 진지함을 가질 때 가장 자기 자신에 가깝다.

Heraclitus

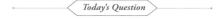

Today's Question

"When was the last time you completely lost track of time while doing something you love?"

마지막으로 좋아하는 일에 몰두하다 시간가는 줄 몰랐던 순간은 언제인가요?

Tip 무언가를 잘하려는 부담감을 내려놓고 그 과정 자체를 즐겨 보세요.

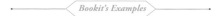

Bookit's Examples

"Time flies when I'm spending time with my kids and laughing together."

아이들과 함께 웃고 놀다 보면 시간이 어떻게 가는지 몰라.

"I completely lost track of time writing down my goals for the year and imagining what I could achieve."

한 해의 목표를 적으며 내가 이룰 수 있는 것들을 상상하다가 시간 가는 줄 몰랐어.

Today's Sentence

Today's Answer

017

"The greatest thing in the world is to know how to belong to oneself."

세상에서 가장 위대한 것은 스스로에게 속하는 법을 아는 것이다.

Michel de Montaigne

Today's Question

"How do you recharge and reconnect with yourself?"

어떻게 재충전하며 스스로와 다시 연결되나요?

Tip 스스로에게 속한다는 것은 자신의 필요와 감정을 존중하는 데서 시작됩니다.

Bookit's Examples

"I recharge by going for a long drive with my favorite playlist—it clears my mind."

나는 좋아하는 플레이리스트를 들으며 장거리 운전을 할 때 충전돼. 그럴 때 머리가 맑아지지.

"Getting back into old hobbies like knitting or playing an instrument helps me reconnect with my inner self."

뜨개질이나 악기 연주 같은 옛 취미를 다시 시작하면 내 자신과 다시 연결되는 느낌이 들어.

Today's Sentence

Today's Answer

018

"The world is a book, and those who do not travel read only one page."

세상은 한 권의 책이며, 여행하지 않는 사람은 그 책의 한 페이지만 읽는 것이다.

Saint Augustine

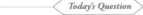

Today's Question

"If you had more confidence, what's one thing you'd do?"

자신감이 생긴다면, 해보고 싶은 일이 있나요?

Tip   자신감은 우리가 새로운 도전에 나설 수 있게 도와주는 힘입니다. 작은 성공을 쌓아가며 자신감을 키울 수 있고, 그 자신감을 바탕으로 두려움을 극복하고 새로운 경험에 도전합니다.

Bookit's Examples

"I'd take more time for myself, without feeling guilty about it."

죄책감 없이 나를 위한 시간을 더 가질 거야.

"I've always wanted to travel solo across Europe to challenge myself."

항상 나 자신에게 도전하기 위해 유럽을 혼자 여행해 보고 싶었어.

Today's Sentence

Today's Answer

"Why, sometimes I've believed as many as six impossible things before breakfast."

가끔은 아침 식사 전에 여섯 가지 불가능한 것을 믿곤 했다.

Lewis Carroll, 〈Alice in Wonderland〉

Today's Question

"What's a wish you believed in that finally came true?"

간절히 믿었던 소원이 결국 이루어진 적이 있나요?

Tip 불가능해 보이는 목표도 끝까지 믿고 도전한다면 놀라운 결과를 얻을 수 있습니다.

Bookit's Examples

"I set a fixed amount to save each month, and now I'm steadily building my savings."

매달 일정 금액을 저축하기로 했고 지금 꾸준히 돈을 모으고 있어.

"I always dreamed of writing my own blog, so I started with one post a week, and now it's thriving."

블로그를 운영하는 게 꿈이었거든. 그래서 매주 한 편씩 글을 올리기 시작했고 있고 잘 되고 있어.

Today's Sentence

Today's Answer

"Even the darkest night will end and the sun will rise."

가장 어두운 밤도 끝나고 태양은 떠오를 것이다.

Victor Hugo, 〈Les Misérables〉

"What gives you strength in your toughest times?"

가장 힘든 순간에 당신에게 힘을 주는 것은 무엇인가요?

Tip　가까운 사람들과의 관계나 스스로에 대한 믿음, 또는 사소한 일상의 기쁨들이 어려움을
극복하는 원동력이 될 수 있습니다.

Bookit's Examples

"When my dog curls up beside me, even the hardest times feel a little lighter."

내 강아지가 내 옆에 웅크리고 있으면 힘든 순간마저도 조금은 가벼워져.

"When my loved one soothes me with kind words, it gives me the strength to keep going."

사랑하는 사람이 다정한 말로 나를 위로해 주면 계속 나아갈 힘이 생겨.

Date.   .   .

Today's Sentence

Today's Answer

A Page of Serenity

'Kind'라는 단어의 뜻을 알고 있나요?
친절함을 뜻하는 이 단어는 사실 '태어난 것(kin)'이라는 의미도
함께 담고 있어요.
마치 우리가 모두 연결된 하나의 존재임을 잊지 말라고 속삭이는
것 같지 않나요?

또 다른 단어는 'Inspire'입니다.
라틴어 inspirare에서 온 이 단어는 '숨을 불어넣다'라는 뜻이에요.
그러니까 누군가에게 영감을 준다는 건 그의 마음 속에 새로운
숨결을 불어넣는 일인 셈이죠.
어쩌면 이 책이 여러분에게 새로운 숨결을 불어넣고 있는지도
모르는 것처럼요.

오늘 사전을 열어 좋아하는 단어의 어원을 찾아보는 건 어떨까요?
그 단어 속에 숨겨진 이야기를 발견하는 것만으로도 하루가 한층
따뜻해질지도 모릅니다.
아, 혹시 이 글을 읽으며 떠오른 영어 단어가 있나요? 있다면 지금
바로 적어 보세요.
그 단어는 오늘 하루를 더 특별하게 만들어 줄 테니까요.

CHAPTER 2

How

조금 느려도 나만의 속도로

저자 발음 영상

나만의
리듬으로 배워보는 것

영어를 배우기 시작하면 누구나 쉽게 남들과 자신의 실력을
비교하는 순간이 찾아옵니다.

"나는 왜 이렇게 느릴까?"

"다른 사람은 유창하게 말하는데 표현 하나 외우는 일도 쉽지
않네."

영어 공부가 재미있고 영어를 진심으로 받아들이기 시작했을 때도
이런 순간은 어김없이 찾아왔습니다. 어떤 이는 몇 달 만에 유창한
회화를 하게 됐다 하고, 또 어떤 이는 원서를 어렵지 않게 읽는다는
이야기를 들을 때마다 나도 모르게 초조해졌습니다. 그들의 속도를
따라가지 못하는 스스로가 한심하게 느껴졌고, 영어 공부를 이렇게
하는 게 맞나 싶은 회의감이 들기도 했었습니다.

그러다 어느 날 문득 이런 생각이 들었습니다. '내가 왜 다른 사람과 나를 비교하고 있지? 내 속도로 간다고 그게 틀린 걸까?' 그때부터 영어를 배우는 방식을 조금씩 바꿔보기로 했습니다. 우선 지나치게 많은 것을 해야 한다는 욕심을 부리지 않고 하루에 10분씩 실천할 수 있는 작은 목표를 세웠습니다. 넷플릭스를 보면서 하나의 영어 문장을 골라 필사해 보기도 하고, 필사한 문장을 소리 내어 읽어보기도 했습니다.

비슷한 방식으로 원서를 보면서 마음에 드는 구절에 밑줄을 긋고 그 문장을 나만의 방식으로 마음에 새겼습니다. 처음엔 그저 재미 삼아 시작한 일이었지만 그렇게 하루하루 작은 성취가 쌓이니 영어 공부가 더는 무겁지 않았습니다. 새로운 언어를 배우는 과정 자체가 일상의 한 부분으로 자리 잡기 시작한 것이죠.

그 과정에서 도움이 되었던 것은 'SMART 목표 설정법'이었습니다. SMART는 Specific, Measurable, Achievable, Relevant, Time-bound의 약자로, 목표를 명확하고 실천가능하게 만드는 방법입니다. 제가 설정했던 SMART 목표를 공유할게요.

이 SMART 목표 설정법 덕분에 저는 저만의 영어 공부 리듬을 만들 수 있었고, 남들과 비교하며 초조한 마음으로 살지 않게

Specific 구체적	하루에 단어 10개를 외우겠다는 막연한 계획 대신, '넷플릭스에서 하루 한 문장을 골라 따라 말하기' 같은 실천하기 어렵지 않으면서도 구체적인 목표를 세웠다.
Measurable 측정 가능	내가 실천한 결과를 눈으로 확인할 수 있도록 필사한 문장을 작은 노트에 기록했다. 그렇게 쌓인 기록은 나의 성취감과 자신감을 북돋아 주었다.
Achievable 달성 가능	너무 높은 목표는 오히려 스트레스를 주기 마련이다. 현실적으로 가능한 '매일 10분만 투자'라는 제한된 시간 안에서 할 수 있는 계획을 세웠다.
Relevant 적합성	내가 좋아하는 주제를 활용했다. 좋아하는 드라마나 영화, 팝송과 원서에서 문장을 고르는 방식으로, 영어를 더 즐겁게 배울 수 있었다.
Time-bound 기한 설정	'3개월 동안 매일 10분씩 영어 문장을 따라 쓰기'처럼 구체적인 시간 목표를 설정했다.

되었습니다. 다른 이의 속도가 아닌 나의 속도로 영어를 배우는 과정은 자신과의 약속을 지켜가는 즐거움과 자신을 사랑하는 방식이였습니다.

이 글을 쓰고 있는 오늘도 하루 10분, 제가 정한 목표를 향해 나아가는 시간을 통해 영어 공부의 부담을 덜고 스스로에게 소소한 행복을 선물하는 시간을 가졌습니다. 오늘의 문장 한 줄은 온전히 제 것이 되고, 그것이 또 온전한 영어 실력이 되어 돌아오는 것을 경험해 왔습니다. 이 책을 함께 읽는 여러분에게도 말해주고 싶습니다. 남들과 비교하지 말고 당신만의 속도로 꾸준히 하는 것만으로도 충분하다고요.

- From Lily

Q

Are you ready to start learning English again at your own pace to overcome the pressure?

영어에 대한 부담을 이겨내기 위해 당신만의 리듬으로
영어를 다시 시작할 준비가 되었나요?

021

"Ordinary people merely think how they shall 'spend' their time; a man of talent tries to 'use' it."

평범한 사람들은 그들의 시간을 '어떻게 보낼지' 생각할 뿐이지만,

재능 있는 사람은 그것을 '어떻게 활용할지' 고민한다.

Arthur Schopenhauer

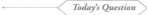

Today's Question

"How do you make the most of your time?"

효율적으로 시간을 쓰기 위해 무엇을 하나요?

Tip 한 번에 많은 일을 하려고 하면 오히려 비효율적일 수 있습니다. 작은 단계로 나누고, 우선순위를 정하며, 한 가지씩 처리하는 습관이 중요합니다.

Bookit's Examples

"I wake up 30 minutes earlier to get a head start on my day."

하루를 더 빨리 시작하려고 30분 일찍 일어나.

"I mute my phone and set a timer to focus on reading for 30 minutes."

휴대전화를 무음으로 하고, 타이머를 설정해서 30분 동안 독서에 집중해.

Today's Sentence

Today's Answer

022

"The shortest way to do many things is to do only one thing at a time."

많은 일을 하는 가장 빠른 방법은 한 번에 한 가지씩 하는 것이다.

Samuel Smiles

Today's Question

"Have you ever felt overwhelmed doing too much at once?"

한꺼번에 많은 일을 하면서 벅차다고 느껴본 적 있나요?

Tip 한꺼번에 많은 일을 처리하려다 보면 오히려 지치고 꾸준히 이어가기 어려울 수 있습니다.

Bookit's Examples

"I overloaded my schedule, thinking I could manage it all, but it left me worn out."

모든 걸 해낼 수 있을 거라 생각해서 일정을 너무 빡빡하게 짰다가 지쳤어.

"I kept adding things to my to-do list until I realized I was drowning in work."

할 일을 계속 늘리다 보니 어느 순간 감당할 수 없을 만큼 일이 많아졌어.

Today's Sentence

Today's Answer

"By failing to prepare, you are preparing to fail."

준비하지 않는 것은 실패를 준비하는 것이다.

Benjamin Franklin

"Have you ever been glad you prepared for something in advance?"

미리 준비해서 다행이라고 느낀 적 있나요?

Tip   미리 준비하는 습관은 예기치 못한 상황에서도 여유를 갖게 하는 힘이 됩니다.

Bookit's Examples

"I replaced my car tires before winter, and it made driving in the snow much safer."

겨울이 오기 전에 타이어를 교체해서 눈길 운전이 훨씬 안전해졌어.

"I prepared an emergency flashlight with fresh batteries, and it came in handy during a blackout."

새 배터리를 넣은 비상용 손전등을 준비했더니 정전 때 정말 유용했어.

Today's Sentence

Today's Answer

"Do not wait to strike till the iron is hot, but make it hot by striking."

쇠가 뜨거워질 때까지 기다리지 말고 두드려서 뜨겁게 만들어라.

William Butler Yeats

"What's a proud moment that started with a single action?"

단 하나의 행동으로 시작된, 가장 뿌듯했던 순간은 언제인가요?

Tip 처음 시작하는 한 걸음이 자랑스러운 순간으로 이어질 수 있습니다.

"Instead of waiting for the perfect moment, I started writing my book, and now I'm halfway through."

완벽한 순간을 기다리는 대신 책을 쓰기 시작했더니 벌써 절반이나 썼어.

"I held the door open for someone in a wheelchair, and they thanked me with a big smile—it made my day."

휠체어 탄 사람을 위해 문을 잡아주었더니 그분이 환한 미소로 고맙다고 하더라.

덕분에 내 하루가 행복해졌어.

Today's Sentence

Today's Answer

"An aim in life is the only fortune worth finding."

인생에서 목표를 갖는 것이 유일하게 가치 있는 행운이다.

Robert Louis Stevenson

"What's one New Year's resolution that truly matters to you?"

당신에게 중요한 새해의 다짐은 무엇인가요?

Tip 새해 목표를 세우는 것은 삶에 의미 있는 변화를 만들 기회입니다.

"I want to join a book club this year and share meaningful conversations with like-minded people."

올해는 북클럽에 가입해서 비슷한 관심사를 가진 사람들과 의미 있는 대화를 나누고 싶어.

"This year, I want to improve my financial knowledge by reading one book on economics every month."

올해는 매달 경제 관련 책 한 권씩을 읽으며 금융 지식을 키우고 싶어.

Today's Sentence

Today's Answer

"To climb steep hills requires a slow pace at first."

가파른 언덕을 오르기 위해서는 처음에는 천천히 가야 한다.

William Shakespeare, 〈Henry VIII〉

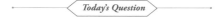

── Today's Question ──

"Which do you find more important : the process or the outcome?"

과정과 성과 중 어떤 것이 더 중요하다고 느끼나요?

Tip 성과만을 추구하다 보면 과정에서 얻을 수 있는 가치와 의미를 놓치기 쉽습니다.

── Bookit's Examples ──

"Now, when I travel, I pay more attention to the scenery along the way, rather than just the destination."

이제는 여행할 때 목적지보다 가는 길의 풍경에 더 집중하게 돼.

"I've learned to celebrate my small victories, no matter how small they seem."

아무리 사소해 보여도 내 작은 승리를 기념하는 법을 배웠어.

Today's Sentence

Today's Answer

"Never do tomorrow what you can do today. Procrastination is the thief of time."

오늘 할 수 있는 일을 결코 내일로 미루지 말라. 미루는 것은 시간 도둑이다.

Charles Dickens, 《David Copperfield》

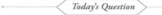

Today's Question

"What are some things you've been procrastinating on?"

당신이 미뤄왔던 일들은 무엇인가요?

Tip   미루는 습관은 시작에 대한 두려움에서 비롯됩니다. 한꺼번에 다 하려고 하지 말고, 작은 것부터 시작해 보세요.

Bookit's Examples

"My desk is a mess. I need to clean it up tonight."

내 책상이 어질러져 있어. 오늘 밤에 정리해야겠어.

"I bought a few books to read, but I haven't even opened them yet."

읽을 책을 몇 권 샀지만, 아직 한 번도 펼쳐보지 않았어.

Today's Sentence

Today's Answer

"Act as if what you do makes a difference. It does."

당신이 하는 일이 변화를 만든다고 생각하라. 그것은 실제로 그러하다.

William James

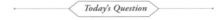
"What made it difficult for you to believe in yourself?"

스스로를 믿기 어렵게 만든 것은 무엇이었나요?

Tip   다른 사람의 의견에 휘둘리지 말고, 작은 성공을 쌓아가며 자신을 믿는 연습을 계속해 보세요.

"I compared myself to others too often, which made me doubt my own path."

나는 자주 나를 다른 사람과 비교해서 내 길을 확신하기 어려웠어.

"I was afraid of criticism, so I hesitated to take chances on myself."

비판이 두려워서 나 자신에게 기회를 주는 것을 망설였어.

Today's Sentence

Today's Answer

029

"Success is the sum of small efforts, repeated day in and day out."

성공은 매일 반복되는 작은 노력들의 합이다.

Robert Collier

Today's Question

"What does success mean to you?"

당신에게 성공이 어떤 의미인가요?

Tip 성공은 외부의 기준이나 결과가 아니라, 자신의 가치와 목표에 맞는 여정에서 오는 만족감입니다.

Bookit's Examples

"Success means waking up every morning to the sunshine."

성공은 매일 아침 햇살을 맞으며 일어나는 거야.

"To me, success is learning and growing every day, even if it's just a small step."

내게 있어 성공은 매일 조금씩이라도 배우고 성장하는 것이지.

Date. . .

Today's Sentence

Today's Answer

"The sun himself is weak when he first rises, and gathers strength and courage as the day gets on."

태양도 처음 떠오를 때는 약하지만, 날이 갈수록 힘과 용기를 얻는다.

Charles Dickens,〈*The Old Curiosity Shop*〉

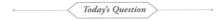

Today's Question

"What boosts your confidence in difficult times?"

어려운 시기에 당신의 자신감을 높여주는 건 무엇인가요?

Tip 자신을 믿고 주위에서 받는 작은 격려를 소중히 여겨보세요.

Bookit's Examples

"My family's support, even through a simple text, always reminds me that I'm not alone."

가족의 응원은 간단한 문자 한 통이라도 내가 혼자가 아니라는 걸 느끼게 해 줘.

"When I eat the kimchi my mom made, I feel her love and warmth in every bite."

엄마가 해주신 김치를 먹을 때, 한 입 한 입에서 엄마의 사랑과 따뜻함을 느껴.

Today's Sentence

Today's Answer

일상에서
발견하는 영어라는 세계

책, 영화, 노래 가사 속에는 다양한 상황이 펼쳐집니다. 날씨가
맑기도 하고 흐리기도 하며, 기분이 들뜨기도 하고 가라앉기도
하죠. 우리의 삶도 다르지 않습니다. 어제 읽은 책의 주인공이
비를 맞아 옷이 젖었다면, 오늘이나 내일 우리에게도 같은 일이
일어날 수 있습니다. 제가 영어를 배운 방법은 바로 여기서
시작되었습니다.

여러분도 책 속의 한 문장, 영화의 짧은 대사, 노래 가사의 한
소절이 일상과 연결될 때, 영어가 낯설게 느껴지지 않을 것입니다.
캐나다에서 처음 영어를 배우며 낯선 환경과 언어 때문에 힘든
시절이 있었습니다. 그때 본 영화 속 주인공의 대사가 특히 기억에

남습니다.

"Do what you love, and love what you do."
네가 사랑하는 일을 하고, 하는 일을 사랑해라

좋아하는 일을 하면 그 과정도 사랑할 수 있다는 단순하지만
강한 메시지였습니다. 그때 이 대사가 제 자신을 향한 응원처럼
다가오는 경험을 했습니다. 낯선 곳에서 흔들리던 저에게 나침반
같은 문장이 되었죠. 그날 이후, 영어는 어렵고 불편한 것이 아니라
좋아하는 것을 경험하고 표현하게 하는 도구가 되었습니다.

저는 종종 북클럽 회원이나 수업을 듣는 학생들에게 물어 봅니다.
"지금 가장 좋아하는 원서의 제목은 무엇인가요? 가장 인상 깊은
영어 문장은요?"
이 질문에 답을 고민하는 순간, 영어와 한층 가까워지는 모습을
보게 됩니다. 억지로 외우려 하기보다 좋아하는 것을 통해
자연스럽게 영어를 접해 보세요. 방법은 많습니다.

오늘 저녁, 좋아하는 넷플릭스 영화나 드라마의 한 장면을 골라
대사를 따라 읽어 보세요. 대사의 리듬을 느끼며 영어를 말하는
즐거움을 경험할 수 있을 것입니다. 또는, 좋아하는 팝송 가사를

한 줄씩 써보는 것도 좋습니다. 문장을 따라 쓰는 동안 그 의미가 자연스럽게 마음속에 자리 잡겠죠. 하루를 마무리하며 오늘 본 풍경이나 느낀 감정을 짧게 영어로 적어보는 것도 추천합니다.

예를 들어, "The night sky was so clear that I could see every star shining above me. I stood there, speechless." 이렇게 간단한 문장을 적는 것만으로도 영어와 친해지는 첫걸음을 뗄 수 있습니다.

이런 작은 시도들이 쌓이면 영어가 공부해야 할 대상이 아니라 자연스럽게 삶에 녹아들 것입니다. 즐기고 사랑하는 것을 통해 천천히, 그러나 확실하게 익숙해질 수 있는 방법입니다.

- From Jennie

Q

What is your favorite quote from a movie or TV show right now? How about translating it into English if it's in Korean?

지금 당신이 가장 좋아하는 영화나 드라마의 대사는 무엇인가요? 한국어라면 영어로 바꿔보는 것은 어떨까요?

031

"Time you enjoy wasting is not wasted time."

즐기면서 낭비한 시간은 낭비된 시간이 아니다.

Marthe Troly-Curtin,〈Phrynette Married〉

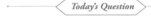

Today's Question

"When did you last feel your heart pounding from excitement?"

마지막으로 가슴이 두근거렸던 순간은 언제였나요?

Tip 삶에서 느끼는 기쁨은 대단한 일이 아닌, 평범한 순간들에서 발견될 때가 많습니다.

Bookit's Examples

"Laughing so hard with my best friend that I couldn't breathe was a moment of pure happiness."

가장 친한 친구와 웃음이 멈추지 않을 정도로 크게 웃었던 순간은 순수한 행복 그 자체였어.

"An hour slipped away while I was lost in my book, but it felt like just a few minutes."

책에 몰입하는 동안 한 시간이 훌쩍 지나갔지만, 마치 몇 분처럼 느껴졌어.

Today's Sentence

Today's Answer

"She believed a great happiness awaited her somewhere, and for this reason she remained calm as the days flew by."

그녀는 어딘가에서 큰 행복이 자신을 기다리고 있다고 믿었고, 그래서 날들이 흘러가도 평온함을 유지했다.

Gyula Krudy, 〈Sunflower〉

Today's Question

"What belief keeps you going in life?"

삶에서 당신을 지탱해 주는 믿음은 무엇인가요?

Tip 당신이 가진 믿음이 어떤 형태이든, 그것이 당신을 어떻게 성장하게 만들었는지 생각해 보세요.

Bookit's Examples

"The belief that kindness always comes back has taught me to treat people with warmth."

친절은 반드시 돌아온다는 믿음이 사람들을 따뜻하게 대하는 법을 가르쳐 줬어.

"I believe that every experience, good or bad, shapes me into a stronger person."

모든 경험, 좋거나 나쁜 것이 나를 더 강하게 만든다고 믿어.

Today's Sentence

Today's Answer

"Most of the important things in the world have been accomplished by people who have kept on trying when there seemed to be no hope at all."

세상에서 중요한 대부분의 일들은, 전혀 희망이 없어 보일 때도
계속 노력했던 사람들에 의해 이루어졌다.

Dale Carnegie

Today's Question

"What's one thing you've done consistently for the past 7 days?"

지난 7일 동안 꾸준히 해온 일은 무엇인가요?

Tip 매일 반복되는 작은 행동들이 우리가 목표를 향해 나아가게 하고 때로는
예상치 못한 큰 결과를 만듭니다.

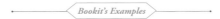

Bookit's Examples

"I've been going to the gym right after work to stay healthy."

건강을 유지하려고 퇴근 후 꾸준히 헬스장에 다니고 있어.

100

Today's Sentence

Today's Answer

034

"What is now proved was once only imagined."

지금 증명된 것은 한때 상상에 불과한 것이었다.

William Blake, ⟨Auguries of Innocence poem⟩

Today's Question

"How do you envision yourself in five years?"

5년 후, 당신의 모습은 어떨 것 같나요?

Tip 미래의 모습을 상상해 보고 지금 해야 할 일들을 찾아보세요.

Bookit's Examples

"In five years, I'll have read most of the top economics books."

5년 후에는 주요 경제학 서적 대부분을 읽었을 거야.

"Within the next five years, I'll have traveled to at least three new countries and experienced their cultures firsthand."

앞으로 5년 안에 적어도 세 개의 나라를 여행하며 그들의 문화를 직접 경험하게 될 거야.

Date.   .   .

Today's Sentence

Today's Answer

035

"Till this moment I never knew myself."

지금 이 순간까지 나는 나 자신을 제대로 알지 못했어.

Jane Austen, 《Pride and Prejudice》

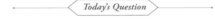

Today's Question

"Have you ever doubted yourself?"

스스로를 의심했던 순간이 있나요?

Tip   자기 의심은 누구나 경험하지만, 극복하는 과정이 성장의 핵심입니다.

Bookit's Examples

"When I felt like I wasn't getting anywhere, it was easy to think I'd never reach my goals."

어디에도 가지 못한 것 같을 때, 목표에 도달할 수 없을 것 같다는 생각이 들었어.

"I've often felt like I was stuck in the same place, and that made me feel like I wasn't moving forward."

매번 제자리라고 생각할 때, 내가 앞으로 나아가지 않는 것처럼 느껴졌어.

Date. . .

Today's Sentence

Today's Answer

036

"To travel far, there is no better ship than a book."

멀리 여행하기 위해 책보다 더 좋은 배는 없다.

Emily Dickinson

Today's Question

"Have you ever let a book take you to a world of your own imagination?"

책을 읽고 상상의 나래를 펼쳤던 적 있나요?

Tip 책은 이야기를 넘어 상상과 감정을 통해 새로운 세계로 이끌고,
때로는 그 안에서 자신을 발견하게 합니다.

Bookit's Examples

"After reading Harry Potter, I imagined myself as a wizard, casting spells with my own wand."

해리포터를 읽고 나서, 나도 마법사가 되어 마법 지팡이로 마법을 쓰는 상상을 했어.

"I once got so immersed in a romance novel, I found myself daydreaming about falling in love with the main character."

로맨스 소설에 빠져서 주인공과 사랑에 빠지는 상상을 하곤 했어.

Today's Sentence

Today's Answer

037

"Not until we are lost do we begin to understand ourselves."

길을 잃어야 비로소 우리 자신을 이해하기 시작한다.

Henry David Thoreau

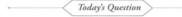
Today's Question

"When did you find something great by stepping off the beaten path?"

사람들이 잘 가지 않는 길을 가서 좋은 것을 발견한 적이 있나요?

Tip 우리는 예상치 못한 장소나 경험을 통해 나의 진짜 가치를 발견할 수 있습니다.

Bookit's Examples

"I stumbled upon a hidden cafe while walking down a side street, and it became my favorite spot for afternoon tea."

골목을 걷다 숨겨진 카페를 발견했는데, 오후의 차 한잔을 즐기기 가장 좋은 장소가 되었어.

"I missed my bus and ended up walking through a quiet neighborhood, where I found a cozy bookshop."

버스를 놓쳐서 조용한 동네를 걷다가 아늑한 서점을 발견했어.

Today's Sentence

Today's Answer

* off the beaten path: 사람들이 잘 가지 않는, 외딴곳에

"He that can have patience can have what he will."

인내할 수 있는 사람이 원하는 것을 가질 수 있다.

Benjamin Franklin

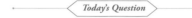

Today's Question

"When were you glad you had the patience to wait?"

기다릴 수 있어서 다행이라고 생각한 순간은 언제였나요?

Tip 인내는 때로 우리가 급하게 행동하지 않도록 돕고, 더 나은 결과를 가져옵니다.

Bookit's Examples

"I was angry, so I took deep breaths and waited for my emotions to settle down."

화가 나서 깊게 숨을 쉬고 감정이 가라앉기를 기다렸어.

"I waited patiently while fishing, and it paid off when I caught a big fish."

낚시를 하며 인내심을 가지고 기다렸고, 결국 큰 물고기를 낚았어.

Today's Sentence

Today's Answer

039

"What you do makes a difference, and you have to decide what kind of difference you want to make."

당신의 행동이 변화를 만든다. 그리고 어떤 변화를 만들고 싶은지는
당신이 결정해야 한다.

Jane Goodall

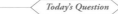

"What's keeping you from making a decision?"

결정을 내리지 못하게 한 것이 무엇인가요?

Tip 결정을 내리지 못하게 하는 이유는 종종 두려움이나 불확실성에서 비롯됩니다. 중요한 건,
어떤 결정을 내리든 그것이 성장과 배움의 기회가 될 수 있다는 점을 기억하는 것입니다.

"I sometimes overthink, making it hard to decide."

때때로 너무 깊이 생각해서 결정하기 힘들어.

"I hesitate out of fear that my choices might disappoint others."

내 선택이 다른 사람을 실망시킬까 봐 두려워 망설였어.

Date. . .

Today's Sentence

Today's Answer

"Success is not final, failure is not fatal: It is the courage to continue that counts."

성공은 끝이 아니며, 실패는 치명적이지 않다. 중요한 것은 계속할 용기다.

Winston Churchill

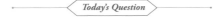
Today's Question

"How do you gather your courage?"

어떻게 용기를 얻나요?

Tip 용기를 얻는 방법은 사람마다 다를 수 있습니다. 자신만의 방법을 찾는 것이 중요하며, 그 방법이 자신감을 불어넣고 결단을 내리게 합니다.

Bookit's Examples

"I clench my fists and take a deep breath, reminding myself that I'm ready."

주먹을 꽉 쥐고 깊게 숨을 쉬며 내가 준비됐다는 걸 되새겨.

"I smile at myself in the mirror, knowing I can handle anything."

거울을 보고 미소 지으며 어떤 일이든 해낼 수 있다고 믿어.

Today's Sentence

Today's Answer

팝송과 산책. 이 둘이 만나면 어떤 일이 일어날까요?
영어 가사가 마음으로 스며듭니다.

예를 들어 제임슨 무라즈 〈I'm Yours〉 같은 팝송을 흥얼거리며
걸어본 적 있나요?
"Well, you done done me and you bet I felt it."
이 가사가 처음엔 무슨 뜻인지 몰라도 괜찮아요.
그냥 리듬에 맞춰 흥얼거리다 보면 어느새 단어들이 자연스럽게
익숙해지거든요.

휘트니 휴스턴의 〈Greatest Love of All〉도 추천해요.
"I decided long ago, never to walk in anyone's shadow."
"나는 오래전에 결심했어요. 누구의 그늘 아래서도 걷지
않겠다고요."
이런 가사를 들으며 산책길을 걷다 보면 발걸음이 한층 더
당당해지는 느낌이 들지 않나요?

산책할 때 좋아하는 팝송 한 곡과 함께 걸어보세요.
산책이 단순한 운동을 넘어 작은 여행처럼 느껴질 거예요.

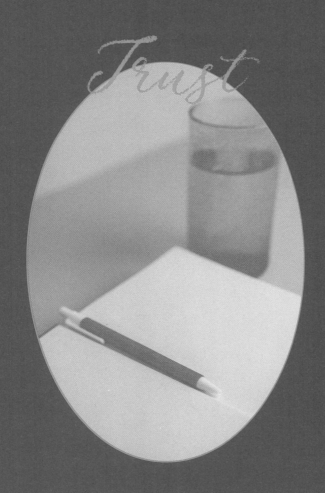

CHAPTER 3

실수해도 괜찮아, 멈추지 않는다면

저자 발음 영상

완벽함 대신
용기로 말하는 법

미국 대학에 입학한 후, 첫 학기에 교양 과목으로 토론 수업을
들었습니다. 영어로 토론한다는 것 자체가 저에게는 커다란
도전이었습니다. 첫 수업부터 손바닥이 땀으로 가득할 정도로
긴장되었습니다. 그런 수업에서 어느 날, 환경 문제를 주제로
토론이 진행되었습니다. 상대 팀 학생이 유창한 영어로 의견을
펼치기 시작했고, 저는 그의 단어 하나하나를 따라가느라 정신이
없었습니다. Carbon offsetting(탄소 상쇄), sustainability(지속 가능성),
greenwashing(겉만 친환경인 척하는 위선적 행동). 낯선 단어들이
쏟아질 때마다 그 뜻을 해석하려 애썼습니다. 하지만 단어에
집중하는 동안 전체 문장을 놓쳐버리고 말았습니다. 제 차례가
되었을 때는 이미 논점을 반박할 타이밍을 놓쳤고, 결국 우리

팀은 토론에서 졌습니다. 그날 밤, 저는 팀원들에게 미안한 마음에
괴로운 시간을 보냈습니다.
"내가 영어를 더 잘했더라면 우리 팀이 이겼을 텐데."
죄책감이 머릿속을 떠나지 않았습니다.

그때 같은 팀 선배가 다가와 웃으며 말했습니다.
"제니, 너무 부담 갖지 마. 네가 완벽하려고 너무 애쓰더라고. 근데
영어로 토론을 잘하려면 단어 하나하나에 얽매이지 말고, 전체
흐름과 맥락을 따라가는 게 더 중요해."
그 말을 듣고 나니 토론할 때 단어 하나의 정확한 뜻에만
매달려 정작 중요한 메시지와 논점을 놓치고 있었던 제 모습이
보였습니다. 영어는 디테일이 아니라 흐름을 이해하고 의미를
전달하는 언어인 것인데…….

그 후로 저는 단어 하나를 놓치더라도 문장의 큰 흐름을 이해하려
노력했습니다. 상대방의 모든 말을 알아듣지 못하더라도 핵심
논점을 파악하고 전하고 싶은 메시지를 자신 있게 표현하는 연습을
시작했습니다.

그날의 실패했던 토론은 제게 성장의 계기가 되었습니다. 영어를
유창하게 구사하는 것보다 더 중요한 것은, 용기를 가지고 나의

목소리를 내는 법을 배우는 것이었습니다.

혹시 영어로 말할 때 실수할까 봐 망설인 적이 있나요? 그렇다면
이제는 단어의 정확성보다는 대화의 흐름과 메시지에 집중해
보세요. 완벽하지 않아도 괜찮습니다. 중요한 것은 당신의 생각을
용감하게 표현하는 것입니다. 실수 속에서 당신만의 용기를 발견할
때, 영어 실력은 한 발짝 더 나아가게 됩니다.

그러니 걱정하지 말고 오늘도 자신 있게 영어를 말해 보세요.

- From Jennie

Q

If you didn't have to be perfect, what would you say in English right now?

완벽하지 않아도 된다면, 지금 영어로 어떤 말을 하고 싶나요?

041

"Every adversity, every failure, every heartache carries with it the seed of an equal or greater benefit."

모든 역경, 실패, 고통은 동등하거나 더 큰 이익의 씨앗을 가지고 있다.

Napoleon Hill, 〈Think and Grow Rich〉

Today's Question

"Have you ever turned a setback into an opportunity for growth?"

실패가 성장의 기회로 바뀌었던 적이 있나요?

Tip 실패를 단순한 좌절로 보지 않고, 그 속에서 배우고 성장할 방법을 찾는
태도가 성공의 열쇠가 됩니다.

Bookit's Examples

"I tripped during a race, but I dusted myself off and finished with even more determination."

경기 중에 넘어졌지만, 몸을 털고 다시 일어나 더 큰 결의로 완주했어.

"When I felt stuck in life, I focused on small steps forward instead of dwelling on how far I had to go."

삶이 막막하게 느껴질 때, 얼마나 멀리 가야 할지 생각하기보다는 작은 걸음에 집중했어.

Today's Sentence

Today's Answer

042

"If you fell down yesterday, stand up today."

어제 넘어졌다면 오늘 다시 일어나라.

H.G. Wells

Today's Question

"When was the last time you amazed yourself with how incredible you could be?"

스스로에게 놀랄 정도로 멋있었던 적은 언제였나요?

Tip   우리 모두가 예상치 못한 순간에 스스로의 잠재력과 놀라운 면모를 발견할 때가 있습니다.
자신을 과소평가하지 않고, 스스로의 강점과 가능성을 믿어 보세요.

Bookit's Examples

"I gave a speech in front of a large audience and was surprised by how confident I sounded."

많은 청중 앞에서 연설하는데 내 목소리가 자신감 있게 들려서 놀랐어.

"I stood up for myself in a situation where I'd usually stay silent."

평소라면 침묵했을 상황에서 스스로를 위해 목소리를 냈어.

Today's Sentence

Today's Answer

"The greatest mistake you can make in life is to be continually fearing you will make one."

삶에서 가장 큰 실수는 계속해서 실수를 두려워하는 것이다.

Elbert Hubbard

"What's something you've feared the most, and how did you face it?"

가장 두려웠던 것은 무엇이며, 어떻게 극복했나요?

Tip 실수를 성장의 기회로 보면 삶의 두려움이 줄어들고, 새로운 가능성을 열 수 있습니다.

"I was scared of failing my driving test, but after the third attempt, I finally passed and felt proud of myself."

운전면허 시험에서 떨어질까 두려웠지만, 세 번째 도전 끝에 합격하며 자부심을 느꼈어.

"I feared letting my family down, but I realized they value my efforts more than the outcome."

가족을 실망시킬까 두려웠지만, 그들이 결과보다 내 노력을 더 소중히 여긴다는 걸 깨달았어.

Today's Sentence

Today's Answer

044

"Life is a succession of lessons which must be lived to be understood."

삶은 이해되기 위해 살아야 하는 연속된 교훈이다.

Ralph Waldo Emerson

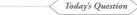

Today's Question

"What's a lesson you had to live through to truly understand?"

직접 겪어봐야만 진정으로 이해할 수 있었던 교훈은 무엇인가요?

Tip   실수를 두려워하지 않고 배우려 하면, 모든 경험이 자신을 더 깊이 이해하고 성장하도록 돕습니다.

Bookit's Examples

"I learned the importance of patience after rushing through a decision that didn't go well."

성급한 결정을 내린 뒤 실패했던 경험을 통해 인내의 중요성을 배웠어.

"Taking care of a pet showed me the meaning of unconditional love and responsibility."

반려동물을 돌보며 무조건적인 사랑과 책임의 의미를 배웠어.

Today's Sentence

Today's Answer

"Courage isn't having the strength to go on—it is going on when you don't have strength."

용기란 계속 나아갈 힘이 있는 것이 아니라 힘이 없을 때도 나아가는 것이다.

Napoleon Bonaparte

Today's Question

"Do you have a personal mantra that keeps you going on tough days?"

힘든 날 당신을 버티게 하는 나만의 주문이 있나요?

Tip 내면의 목소리는 우리가 어려운 상황에서 다시 일어설 수 있는 중요한 원동력이 됩니다.

Bookit's Examples

"At the end of each day, I whisper to myself, 'You've done your best, and that's enough.'"

하루를 마칠 때 스스로에게 '너는 최선을 다했고, 그걸로 충분해'라고 속삭여.

"A warm bath feels like it washes away not just the day's dirt but also my worries."

따뜻한 목욕은 하루 동안 쌓인 먼지뿐만 아니라 고민도 씻어 내는 것 같아.

Date.   .   .

Today's Sentence

Today's Answer

133

"Failure is simply the opportunity to begin again, this time more intelligently."

실패는 단지 더 현명하게 다시 시작할 기회일 뿐이다.

Henry Ford

"Have you ever started over and done better the second time?"

처음부터 다시 시작해서 두 번째 시도에서 더 잘했던 적이 있나요?

Tip 처음의 어려움을 너무 두려워하지 말고 작은 진전을 축하하며 나아가세요.

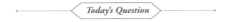

"My first job interview was a mess, but I used what I learned to nail the next one."

첫 면접은 엉망이었지만 배운 것을 활용해 다음 면접에서는 성공했어.

"When I first tried snowboarding, I fell more times than I could count, but with time, I got so much better."

스노보드를 처음 탔을 때 셀 수 없이 많이 넘어졌지만, 시간이 지나면서

점점 더 잘하게 되었어.

Today's Sentence

Today's Answer

"What you get by achieving your goals is not as important as what you become by achieving your goals."

목표를 달성해서 얻는 것은, 목표를 달성하면서 내가 어떤 사람이 되는지만큼 중요하지 않다.

Henry David Thoreau

Today's Question

"What kind of person do you aspire to be?"

내가 되고 싶은 모습은 어떤 사람인가요?

Tip 큰 목표를 이루기 위해 노력하는 것도 중요하지만, 일상의 작은 습관과 마음가짐이 우리가 추구하는 모습에 가까워지게 만듭니다.

Bookit's Examples

"I want to be someone who gives unconditional love to my family, showing them how much they mean to me every day."

가족들에게 아낌없는 사랑을 주고, 매일 그들이 나에게 얼마나 소중한지 보여 주는 사람이 되고 싶어.

"I want to be the kind of person who learns from failures and inspires others to do the same."

실패에서 배우고 다른 사람들도 그렇게 할 수 있도록 영감을 주는 사람이 되고 싶어.

Today's Sentence

Today's Answer

048

"Until we have begun to go without them, we fail to realize how unnecessary many things are."

우리가 어떤 것들을 포기하기 전까지는 그것들이 얼마나 불필요한지 깨닫지 못한다.

Seneca, ⟨Letters from a Stoic⟩

Today's Question

"What's one habit or trait you want to let go of for a better version of yourself?"

더 나은 내가 되기 위해 버리고 싶은 습관이나 단점은 무엇인가요?

Tip 삶에 불필요한 습관이나 행동을 인식하고, 내려놓는 일은 자기 성장의 첫걸음입니다.

Bookit's Examples

"I want to focus on my own growth instead of constantly comparing myself to others."

다른 사람과 나를 비교하기보다는 내 성장에 집중하고 싶어.

"I hope to let go of the habit of dwelling on the past and focus more on the present."

과거를 곱씹는 습관을 버리고 현재에 더 집중하고 싶어.

Today's Sentence

Today's Answer

049

"But man is not made for defeat. A man can be destroyed but not defeated."

인간은 패배하기 위해 만들어지지 않았다. 인간은 파괴될 수는 있어도

패배하지는 않는다.

Ernest Hemingway, ⟨The Old Man and the Sea⟩

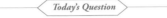

Today's Question

"What's a promise you kept to yourself?"

스스로 지켰던 다짐은 무엇인가요?

Tip 스스로 한 다짐을 지키는 것은 자신감과 성취감을 키우는 중요한 방법입니다. 작은 약속이라도 지켜낼 때 우리는 자신을 믿고 더 나은 방향으로 나아갈 힘을 얻습니다.

Bookit's Examples

"I kept my promise to go to bed by 11 PM, and my mornings have become so much better."

11시에는 잠들겠다는 약속을 지켰더니 아침 시간이 훨씬 나아졌어.

"I promised myself not to spend on unnecessary luxuries, and I've saved more than I thought possible."

불필요한 사치품에 돈을 쓰지 않겠다고 다짐했고, 예상보다 더 많이 저축했어.

Today's Sentence

Today's Answer

"Confidence comes not from always being right, but from not fearing to be wrong."

자신감은 항상 옳은 데서 오지 않는다. 틀리는 것을 두려워하지 않는 데서 온다.

Peter T. McIntyre

Today's Question

"How do you handle situations where you realize you were wrong?"

자신이 틀렸다는 것을 알게 되었을 때, 어떻게 대처하나요?

Tip 시간 활용을 못했다고 자책하기보다 더 나은 방법을 찾는 것이 중요합니다.

Bookit's Examples

"When I made a mistake, I just laughed it off, fixed it, and moved forward."

실수했을 때, 그냥 웃어넘기고 고쳐서 앞으로 나아갔어.

"When I messed up a recipe, I turned it into a fun experiment and ended up learning a better technique."

요리를 망쳤을 때, 그걸 재미있는 실험으로 여기며 더 나은 기술을 배웠어.

Date. . .

Today's Sentence

Today's Answer

143

실수를 당당하게
기록하면 생기는 일

영어 공부를 하면서 깨달은 것이 있습니다. 실수를 피해 갈 수는 없다는 것이죠. 그렇다면 실수 속에서 배울 수 있는 방법을 찾아야 합니다. 그렇게 나는 '실수 노트'를 쓰기 시작했죠. 처음에는 단순히 틀린 문장을 기록하는 용이었지만, 시간이 지나면서 실수 노트는 영어 공부의 동반자이자 저만의 성장 일지가 되었습니다.

지금까지 약 5년간 실수 노트를 쓰며 배운 세 가지 깨달음이 있습니다.
첫째, 실수는 나의 흔적입니다. 실수를 기록한다는 건, 내가 영어와 함께한 시간을 눈으로 확인하는 일이죠. 한 번은 'compliment(칭찬)'와 'complement(보완하다)'를 헷갈려 썼던 적이 있습니다. 그때의 당황스러움도, 차이를 알게 된 기쁨도 모두 노트에 적었죠. 뜻과 사용 예문을 나란히 정리한 뒤, 이 두 단어는 이제 나만의 단단한 기억으로 자리 잡았습니다. 실수 노트는 단순히 틀린 것을 기록하는 것이 아니라, 내가 어떻게 배우고 성장했는지를 보여주는 나만의 여정 지도입니다. 영어와 함께 걸어온 작은 발자국이 하나둘 쌓여가는 느낌이랄까요.

둘째, 실수는 배움의 순간을 만들어 줍니다. 실수는 늘 당황스럽지만, 돌아보면 가장 큰 깨달음을 주죠. 한 번은 "I'm boring."이라고 말했다가 모두를 웃게 만든 적이 있었습니다. 당시엔 얼굴이 빨개졌지만, 그날 실수 노트에 'bored(지루함을 느끼는 상태)'와 'boring(지루하게 만드는 대상)'의 차이를 적으며 문장을 다시 연습했죠. "I'm bored when it rains."와 "This movie is so boring."을 반복해서 써 보니, 두 단어의 차이가 더 헷갈리지 않게 되었습니다. 실수는 강의실에서도 배울 수 없는 소중한 배움의 순간을 만들어줍니다. 실수는 우리가 영어라는 언어를 조금 더 깊이 이해하게 만드는 친절한 선생님이죠.

셋째, 실수는 자신감을 키워 줍니다. 아이러니하게도, 실수를 기록할수록 오히려 자신감이 생기죠. 과거에는 실수가 무언가를 망쳤다는 생각에 두려움이 앞섰지만, 이제는 실수를 기록하며 나 자신이 더 단단해지고 있음을 느낍니다. 한 번은 친구에게 "Can you borrow me a pen?"이라고 말했다가, 나중에야 'borrow(빌리다)'와 'lend(빌려주다)'를 혼동했다는 걸 알게 되었죠. 그날 실수를 노트에 적고, "Can you lend me a pen?" 같은 올바른 문장을 연습했습니다. 지금은 실수했던 표현들을 자연스럽게 말할 수 있게 되었고, 그때의 실수는 이제 나의 자신감을 만드는 소중한 자산이 되었습니다.

지나고 보니 실수는 나를 작아지게 만드는 것이 아니라, 더 큰 용기를 내도록 돕는 발판이었습니다. 혹시 영어 공부를 하면서 실수를 두려워한 적이 있나요? 그렇다면 실수 노트를 써 보길 권합니다. 실수 속에서 배우고, 성장하는 순간이야말로 영어 실력을 키우는 가장 확실한 방법이니까요.

– From Lily

———————————— Q ————————————

"What mistake did you make in English today, and what did you learn from it?"

오늘 영어에서 어떤 실수를 했고, 그 실수를 통해 무엇을 배웠나요?

"It is not down on any map; true places never are."

진정한 장소는 어떤 지도에도 나와 있지 않다. 그런 장소는 본래 없다.

Herman Melville, 《Moby Dick》

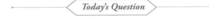
Today's Question

"Where do you find peace—somewhere no map can lead you?"

당신은 어디에서 평화를 찾나요? 어떤 지도에도 표시되지 않은 그런 곳이요.

Tip 평화는 때로는 우리가 가장 익숙한 장소에서, 때로는 완전히 새로운 환경에서 찾아옵니다.

Bookit's Examples

"I feel safest when I'm lying on my bed, surrounded by my favorite blankets."

내가 좋아하는 담요에 둘러싸여 침대에 누워 있을 때 가장 안정감을 느껴.

"The warm smile of the lady at the restaurant I used to visit as a kid still makes me feel at home."

어릴 적 자주 갔던 식당 아주머니의 따뜻한 미소를 보면 여전히 집에 온 것처럼

편안한 마음이 들어.

Date.   .   .

Today's Sentence

Today's Answer

149

052

"Let every man be master of his time."

모든 사람은 자신의 시간을 다스리는 주인이 되어야 한다.

William Shakespeare, 〈Macbeth〉

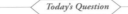
Today's Question

"Have you ever felt stressed because you couldn't use your time efficiently?"

시간을 효율적으로 활용하지 못해서 스트레스를 받은 적이 있나요?

Tip 시간 활용을 못했다고 자책하기보다 더 나은 방법을 찾는 것이 중요합니다.

Bookit's Examples

"Even though I have to plan my breaks, I'm always grateful for the time I have."

쉬는 시간조차 계획해야 하지만 언제나 내게 주어진 시간에 감사해.

"When I feel like I've wasted a day, I remind myself that even small steps are better than none."

하루를 허비한 기분이 들 때도, 작은 한 걸음이라도 없는 것보다는 낫다고 스스로를 다독여.

Date. . .

Today's Sentence

Today's Answer

151

"The weight of this sad time we must obey; speak what we feel, not what we ought to say."

이 슬픈 시간을 우리는 받아들여야 한다. 마땅히 해야 할 말이 아니라,

우리가 느끼는 말을 하라.

William Shakespeare, 〈King Lear〉

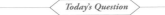

Today's Question

"What do you do when you feel like there's a story you can't share with anyone?"

누군가와 나눌 수 없는 이야기가 있다고 느낄 때, 당신은 어떻게 하나요?

Tip 고민은 쌓일수록 무거워지니, 믿을 수 있는 사람에게 털어놓거나
글이나 그림으로 표현해 보세요.

Bookit's Examples

"I go back to a favorite book or movie—it helps me find the words I couldn't come up with myself."

좋아하는 책이나 영화를 다시 보면 직접 떠올리지 못했던 말들을 찾을 수 있어.

Today's Sentence

Today's Answer

054

"He who has never failed somewhere, that man cannot be great."

어딘가에서 한 번도 실패하지 않은 사람은 위대해질 수 없다.

Herman Melville

Today's Question

"What's one lesson you're grateful for from a past failure?"

과거 실패에서 감사하게 된 교훈은 무엇인가요?

Tip 실패는 성장의 과정에 없어서는 안 될 경험입니다. 실패를 부끄러워하기보다 그것이 준 교훈에 집중하고 앞으로의 발판으로 삼아 보세요.

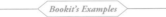
Bookit's Examples

"When I went through a tough time, I realized who my true friends were."

힘든 시기를 겪으면서 진짜 친구가 누구인지 알게 되었어.

"A failed relationship taught me to communicate better and to value honesty more than ever."

실패한 연애를 통해 더 잘 소통하는 법을 배웠고, 솔직함을

그 어느 때보다 소중하게 여기게 되었어.

Today's Sentence

Today's Answer

055

"I have not failed. I've just found 10,000 ways that won't work."

나는 실패한 것이 아니다. 단지 10,000개의 작동하지 않는 방법을 발견했을 뿐이다.

Thomas Edison

Today's Question

"How do you turn failures into motivation to keep going?"

실패를 원동력으로 삼아 계속 나아가기 위해 어떻게 마음을 다지나요?

Tip   실패를 원동력으로 삼기 위해서는 실패를 부정적으로 보지 않고,
배움의 기회로 받아들이는 태도가 중요합니다.

Bookit's Examples

"I focus on gratitude, listing three things I'm thankful for, even when things don't go my way."

일이 잘 안 풀릴 때도, 감사한 세 가지를 적으며 긍정적인 마음을 유지해.

"When I feel discouraged, I tell myself, 'I've done hard things before, and I can do this too.'"

힘들 때면 '나는 이미 어려운 일도 해냈고, 이것도 해낼 수 있어'라고 스스로에게 말해.

Today's Sentence

Today's Answer

"No man ever became great or good except through many and great mistakes."

많고 큰 실수를 하지 않고 위대하거나 선한 사람이 된 사람은 없다.

William E. Gladstone

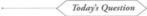
Today's Question

"Have you ever felt impatient on your journey to success? How did you handle it?"

성공을 향한 여정에서 조급함을 느낀 적이 있나요? 그것을 어떻게 극복했나요?

Tip 성공을 향한 여정은 때로는 더디게 느껴질 수 있습니다. 이럴 때는 현재의 과정에 집중하고, 작은 목표를 이루는 데서 성취감을 느끼는 것이 중요합니다.

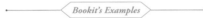
Bookit's Examples

"I thought of the people who support me and reminded myself to be grateful for them."

나를 응원하는 사람들을 떠올리며 감사해야 한다는 걸 다시 되새겼어.

"I allowed myself to rest guilt-free, knowing that balance is key to long-term success."

장기적인 성공을 위해 균형이 중요하다는 걸 알기에, 죄책감 없이 쉬는 시간을 가졌어.

Date.   .   .

Today's Sentence

Today's Answer

"A stumble may prevent a fall."

비틀거림이야말로 넘어지는 것을 막을 수도 있다.

Thomas Fuller

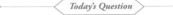

"When has failure become a driving force in your life?"

실패가 삶의 원동력이 되었던 순간은 언제인가요?

Tip 실패는 좌절의 끝이 아니라 새로운 시작을 위한 원동력이 될 수 있습니다.

"A health report gave me the push I needed to commit to a healthier lifestyle."

건강검진 결과로 더 건강한 생활을 다짐하는 계기가 되었어.

"A broken friendship taught me to be more cautious about who I let into my life."

깨진 우정이 내 삶에 누군가를 들여놓을 때 더 신중해야 한다는 걸 알려줬어.

Date.   .   .

Today's Sentence

Today's Answer

161

"I can shake off everything as I write; my sorrows disappear, my courage is reborn."

나는 글을 쓸 때 모든 것을 떨쳐낼 수 있다. 슬픔이 사라지고 용기가 생긴다.

Anne Frank

Today's Question

"How does writing things down change your mindset?"

무언가를 적는 것이 당신의 사고방식을 어떻게 변화시키나요?

Tip 목표를 적으면 마음이 정리되고, 더 선명하게 시각화할 수 있습니다.

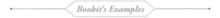

Bookit's Examples

"When I write down my thoughts, I can organize them better and find solutions faster."

생각을 글로 적으면 더 잘 정리되고, 더 빠르게 해결책을 찾을 수 있어.

"Writing down my fears or worries helps me understand them better and lets me move past them more easily."

두려움이나 걱정을 적으면 그것들을 더 잘 이해하게 되고, 더 쉽게 극복할 수 있어.

Today's Sentence

Today's Answer

059

"What we achieve inwardly will change outer reality."

우리의 내면에서 무언가 성취할 수 있다면 그것이 외부의 현실을 바꾼다.

Plutarch

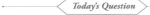

Today's Question

"Why do you think inner growth is more important than external achievements?"

왜 내면의 성장이 외적인 성취보다 더 중요하다고 생각하나요?

Tip   내면의 성장과 평화는 외적인 현실에 더 큰 영향을 미칩니다. 마음의 안정과 자기 수용이 있으면, 외부의 상황이 아무리 어려워도 더 긍정적이고 능동적으로 대응할 수 있습니다.

Bookit's Examples

"To understand and love my family better, I first had to understand and love myself."

가족들을 더 잘 이해하고 사랑하기 위해서는 먼저 나 자신을 이해하고 사랑해야 해.

"Success in my career is important, but finding balance within myself has been the key to lasting happiness."

직장에서의 성공도 중요하지만, 내면의 균형을 찾는 것이 지속적인 행복의 열쇠야.

Date.   .   .

Today's Sentence

Today's Answer

060

"Writing is the painting of the voice."

글쓰기는 목소리의 그림이다.

Voltaire

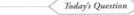
Today's Question

"What makes writing more powerful than speaking?"

글쓰기가 말보다 더 강력한 이유는 무엇인가요?

Tip 글쓰기는 생각을 정리하고 감정을 구체화하는 데 중요한 역할을 합니다. 글쓰기를 통해 얻은 깨달음은 외적인 표현을 넘어, 진정한 자기표현과 성찰로 이어질 수 있습니다.

Bookit's Examples

"When I write, I can reflect more deeply on my emotions and thoughts, allowing me to communicate them better."

글을 쓰면 생각과 감정을 더 깊이 되돌아 볼 수 있고, 그것을 더 잘 전달할 수 있어.

"Unlike speaking, writing allows me to slow down and carefully organize my thoughts before expressing them."

말하는 것과 달리, 글쓰기는 표현하기 전에 천천히 생각을 정리할 수 있어.

Today's Sentence

Today's Answer

A Page of Serenity

영어를 배우다 보면 실수는 피할 수 없는 동반자입니다.
재미있는 건 그 실수들이 때로는 최고의 선생님이 되어 준다는
거죠.

한 번은 친구가 "It's raining cats and dogs!"(비가 엄청 많이 와!)라고
말했을 때 하늘에서 강아지랑 고양이가 진짜로 내린다고 상상한
적이 있어요.
물론 그런 일은 없었지만 친구들은 배꼽 잡고 웃었고, 덕분에 이
관용 표현을 영원히 기억하게 되었답니다.

혹시 여러분도 잊지 못할 영어 실수를 한 적이 있나요?
그 실수가 부끄러웠던 순간이 있더라도, 그 덕분에 기억에 남는
표현이 생겼다면, 그것만으로도 영어 공부는 성공이랍니다.
오늘 당신의 웃겼던 영어 실수를 적어 보세요.
"실수는 최고의 선생님이다."
Mistakes are the best teachers.

CHAPTER 4

Restart

다시 일어서는 나를 위해

저자 발음 영상

영어를
다시 사랑하게 된 순간

대학 졸업 후 한국으로 돌아왔을 때, 영어가 점점 낯설게 느껴진
적이 있었습니다. 캐나다와 미국에서 오랜 유학 생활을 하며
영어가 너무 자연스러웠는데, 점점 입에서 나오는 영어가 예전처럼
유창하지 않다는 걸 느낄 때마다 스스로가 초라하게 느껴졌죠.
"영어를 잊어버리고 있는 건가?"

영어를 잘하는 것이 자부심 중 하나였기에, 그 감각이 희미해지는
건 생각보다 큰 상실감으로 다가왔습니다. 다시 학원에 다닐까,
새롭게 자격증 공부를 시작할까 고민했지만, 아무리 생각해도
마음이 움직이지 않았습니다. 영어를 '공부'로 접근하는 방식은
나를 더 지치게 할 뿐이었죠. 그러던 어느 날, 우연히 내 방

책장에서 대학 시절 읽었던 원서《The Great Gatsby 위대한 개츠비》를 꺼내 들었습니다. 오랜만에 만난 소중한 친구처럼 느껴졌죠. 책장을 넘기다 한 구절이 눈에 들어왔습니다.

"So we beat on, boats against the current, borne back ceaselessly into the past." (그렇게 우리는 계속 앞으로 나아간다. 흐름을 거슬러 배를 젓듯이, 끊임없이 과거로 떠밀려가면서도.)

이 문장은 그때나 지금이나 저에게 강렬한 울림을 주었습니다. 영어로 쓰였지만, 그 문장이 제게 주는 감정은 단순히 단어를 이해하는 것 이상이었죠. 고급스럽고 세련된 문체, 그리고 언어로 표현된 감정과 이야기가 마음속 깊이 파고들었습니다. 그리곤 그날, 다시 원서를 펼쳐보기 시작했어요. 처음에는 문장이 낯설게 느껴지기도 했지만, 차츰 그 속의 이야기들이 저를 사로잡았습니다. 그렇게 되니 책 속에 등장하는 인물과 장면들이 문자로만 느껴지지 않았습니다. 그것들은 나의 감정과 연결되었고, 잊고 있던 언어의 매력을 되찾아주었죠. 이렇게 영어는 다시금 저를 설레게 하는 언어가 되었습니다.

몇 달 뒤, 원서를 좋아하는 친구들과 함께 작은 독서 모임을 만들었습니다. 매주 한 권의 책을 읽고, 함께 모여 책 속 문장에 대해 이야기 나누는 시간은 저에게 특별한 기쁨을 주었죠. 친구들과 함께하는 시간이 쌓이며, 영어는 다시 공부의 대상이

아닌 삶의 일부로 스며들었습니다. 무엇보다 원서라는 매개체는
영어에 대한 나의 애정을 되찾아 준 열쇠가 되었습니다. 그리고
이 작은 모임이 바로 지금의 '북킷(Bookit)'의 시작이었습니다.
영어는 그 자체로 저의 삶을 풍요롭게 만들어 주었고, 또 다른
기회를 만들어 주었습니다. 영어를 그 자체로 즐기며 그 매력을
다른 사람들과 나눌 수 있다는 것이 얼마나 감사한 일인지
깨달았습니다.

언어는 늘 완벽하게 유지될 수 있는 것이 아닙니다. 때로는
흐릿해지고, 멀어졌다고 느껴질 때도 있습니다. 중요한 건, 언어가
사라지는 것이 아니라 우리가 다시 그 언어와 연결될 방법을
끊임없이 찾는 것이죠. 그런 면에서 원서는 저와 영어를 이어 준
열쇠였습니다. 그리고 지금도 새로운 원서의 페이지를 넘길 때마다
영어라는 언어가 얼마나 아름다운지, 얼마나 저를 설레게 하는지를
다시금 깨닫습니다.

— From Jennie

Q

"Can you think of a book that inspired you recently? How did it make you feel?"?

최근에 당신에게 영감을 준 책은 무엇인가요? 그 책을 읽고 어떤 감정을 느꼈나요?

"Difficulties are just things to overcome, after all."

어려움이란 결국 극복해야 하는 것일 뿐이다.

Ernest Shackleton

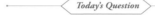

Today's Question

"Have you ever experienced burnout?"

번아웃을 경험한 적 있나요?

Tip 번아웃은 누구에게나 찾아올 수 있습니다. 중요한 것은 자신에게 너무 큰 기대를 걸기보다 현재를 받아들이고 작은 한 걸음을 내딛는 것입니다.

Bookit's Examples

"As the weight of responsibility grew, I felt paralyzed, unable to decide what to do first."

책임감의 무게가 점점 커지면서 무엇부터 해야 할지 몰라 움직일 수 없었어.

"When I couldn't see progress despite all my efforts, I doubted myself and wondered if I was enough."

온 힘을 다했는데도 나아가는 것처럼 보이지 않을 때, 내가 충분한 사람인지 의심됐어.

Date. . .

Today's Sentence

Today's Answer

177

062

"We don't laugh because we're happy – we're happy because we laugh."

우리는 행복해서 웃는 것이 아니라 웃기 때문에 행복한 것이다.

William James

Today's Question

"What brought you a smile today?"

오늘 당신을 미소 짓게 한 것은 무엇인가요?

Tip 매일 하루의 끝에서 작은 기쁨을 떠올리는 습관은 긍정적인 마음을 키우고,
삶을 더 풍요롭게 만듭니다.

Bookit's Examples

"A stray cat purred as I got closer, and it made me smile."

내가 가까이 다가가자 길고양이가 갸르릉거렸고 그게 나를 미소 짓게 했어.

"My friends surprised me with a birthday party, and it completely made my day."

친구들이 깜짝 생일 파티를 준비해 주는 바람에 하루가 정말 행복했어.

Today's Sentence

Today's Answer

063

"The art of being wise is the art of knowing what to overlook."

현명해지는 기술은 무엇을 넘겨야 할지 아는 기술이다.

William James

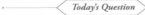
Today's Question

"Have you ever stressed over something that wasn't worth the worry?"

걱정하지 않아도 되는 일로 스트레스 받은 적 있나요?

Tip   과거의 사소한 일들로 에너지를 소모했던 순간들을 떠올리며 앞으로는 무엇이 중요한지 선택해 보세요.

Bookit's Examples

"I once spent hours rereading a friend's careless message."

친구의 무심한 메시지를 몇 시간이나 곱씹던 적이 있어.

"I used to overthink every small comment from my colleagues."

동료들의 사소한 말 하나하나를 지나치게 고민했던 적이 있어.

Today's Sentence

Today's Answer

064

"Friendship is the only cement that will ever hold the world together."

우정을 제외하고 세상을 하나로 묶는 접착제는 없습니다.

Woodrow Wilson

Today's Question

"When did you feel grateful for someone's company?"

누군가와 함께여서 감사했던 순간은 언제였나요?

Tip 함께 나누는 순간은 단순한 일상을 특별하게 만듭니다.

Bookit's Examples

"I didn't realize how much fun tennis could be until I played as part of a team."

팀의 일원으로 경기를 해 보기 전까지 테니스가 그렇게 재미있을 수 있다는 걸 몰랐어.

"I joined a book club and realized how much I had missed in a novel I thought I understood."

북클럽에 참여하고 잘 안다고 생각했던 소설에서 얼마나 많은 부분을 놓쳤는지 알게 됐어.

Today's Sentence

Today's Answer

"So we beat on, boats against the current, borne back ceaselessly into the past."

그렇게 우리는 계속 앞으로 나아갑니다. 흐름을 거슬러 배를 젓는 것처럼,

끊임없이 과거로 떠밀려 가면서도.

F. Scott Fitzgerald, 《The Great Gatsby》

Today's Question

"Does time really heal all wounds?"

시간이 정말 모든 상처를 치유할 수 있을까요?

Tip 시간은 해결사가 되어 우리를 과거의 상처와 갈등에서 조금씩 자유롭게 만듭니다.

Bookit's Examples

"A mistake felt huge back then, but now it's just a lesson I learned."

그때는 실수가 너무 크게 느껴졌지만, 지금은 그것이 내가 배운 교훈일 뿐이야.

"I once argued with my mom, but over time I realized her love was always greater than the conflict."

엄마와 다툰 적이 있었지만, 시간이 지나면서 사랑이 갈등보다 더 컸다는 걸 알게 됐어.

Today's Sentence

Today's Answer

"A little knowledge that acts is worth infinitely more than much knowledge that is idle."

행동하는 적은 지식이, 아무것도 하지 않는 많은 지식보다 훨씬 더 가치 있다.

Kahlil Gibran

Today's Question

"What was left undone because of fear?"

두려움 때문에 하지 못한 것은 무엇인가요?

Tip 완벽한 순간을 기다리기보다, 작은 한 걸음으로 시작하는 용기가 중요합니다.

Bookit's Examples

"I regret not traveling abroad alone, thinking I wouldn't manage on my own."

혼자서는 해낼 수 없을 거라고 생각해서 혼자 해외여행을 가지 않은 것을 후회해.

"I often imagined myself bungee jumping, but fear always stopped me from trying."

번지점프 하는 상상을 자주 했지만, 두려움 때문에 시도하지 않았어.

Date. . .

Today's Sentence

Today's Answer

187

"I demolish my bridges behind me⋯⋯. then there is no choice but forward."

뒤를 돌아볼 다리를 스스로 끊어 버린다. 그러면 앞으로 나아가는 것 외에는
선택지가 없다.

Fridtjof Nansen

"When did courage lead to something good?"

용기를 내서 좋은 결과를 얻은 적이 언제인가요?

Tip   용기는 반드시 거창한 순간에서만 필요한 것이 아닙니다. 누군가에게 마음을 표현하거나,
잘못을 인정하고 먼저 다가가는 용기는 우리를 더 나은 방향으로 이끌어 줍니다.

"I chose to apologize first, and it made our relationship stronger."

내가 먼저 사과하기로 했고, 그것이 우리의 관계를 더 단단하게 만들어 줬어.

"I asked for help when I didn't understand, and it made all the difference."

모르겠을 때 도움을 요청했더니 모든 게 달라졌어.

Date. . .

Today's Sentence

Today's Answer

189

"The world breaks everyone, and afterward, many are strong at the broken places."

세상은 우리를 모두 부러뜨린다. 그리고 그 후에 많은
사람이 부서진 자리에서 더 강해진다.

Ernest Hemingway, 《A Farewell to Arms》

Today's Question

Do you believe struggle is necessary for growth?

성장을 위해 고난이 필요하다고 믿나요?

Tip 넘어진 자리에서 다시 일어섰던 순간을 떠올려 보세요.

Bookit's Examples

"Muscles grow with effort, and we grow through challenges."

근육이 노력으로 자라듯이, 우리는 도전을 통해 성장해.

"I believe that failure isn't the opposite of success; it's a part of it."

나는 실패가 성공의 반대가 아니라, 그 일부라고 믿어.

Date.   .   .

Today's Sentence

Today's Answer

191

069

"Live as if you were to die tomorrow. Learn as if you were to live forever."

당장 내일 죽을 것처럼 살고, 영원히 살 것처럼 배워라.

Mahatma Gandhi

Today's Question

"What's a skill you've learned that you still use today?"

배워서 지금까지 활용하고 있는 기술은 무엇인가요?

Tip   과거에 배운 것들이 지금의 나를 어떻게 이끌어왔는지 되돌아보며, 앞으로도 배우고 활용할 기회를 두려워하지 마세요.

Bookit's Examples

"Ever since I took a swimming class, summer vacations have been more fun."

수영 수업을 들은 이후로 여름 휴가가 더 즐거워졌어.

"Because I learned piano as a child, I can still play my favorite song anytime."

어릴 때 피아노를 배운 덕에 지금도 좋아하는 곡을 언제든 연주할 수 있어.

Date. . .

Today's Sentence

Today's Answer

193

"Live! Live the wonderful life that is in you! Let nothing be lost upon you. Be always searching for new sensations. Be afraid of nothing."

살아라! 네 안에 있는 멋진 삶을 살아라! 아무것도 놓치지 말고,

항상 새로운 감각을 찾아다녀라. 두려워하지 말아라.

Oscar Wilde, 〈The Picture of Dorian Gray〉

Today's Question

"What do you see around you right now?"

지금 당신의 주변에 무엇이 보이나요?

Tip   우리는 일상에서 무수히 많은 아름다움을 놓치고 지나치지만, 잠시 멈춰 주변을 둘러보면
새로운 감동을 발견할 수 있습니다.

Bookit's Examples

"I see my family smiling together, and it fills my heart with warmth."

사랑하는 가족들이 웃는 모습을 보면 그 모습에 내 마음까지 따뜻해져.

"The breeze gently sways the trees, and I feel at peace watching them."

산들바람이 나무를 살랑살랑 흔드는 모습을 보며 평안함을 느껴.

Today's Sentence

Today's Answer

해외여행에서
다시 찾은 영어의 설렘

졸업 후 몇 년 동안 영어는 제 일상에서 멀어져 있었습니다. 학창
시절 내내 시험과 숙제를 위해 늘 곁에 두어야 했던 언어였지만,
사회생활을 시작하고 나서는 영어를 쓸 일이 거의 없었죠. 그러다
문득 떠나게 된 첫 해외여행. 비행기를 타고 다른 나라로 향하는
것만으로도 설렜지만, 그보다 더 특별했던 것은 영어라는 언어의
매력을 다시금 깨닫게 되었다는 점이었습니다.

첫 여행지는 미국의 괌이었습니다. 따뜻한 태양 아래 펼쳐진
해변과 코코넛 나무가 가득한 풍경 속에서 오랜만에 영어와
마주했죠. 공항에 도착하자마자 영어가 제 주변을 가득
채웠습니다. 'Arrivals(도착)', 'Baggage Claim(수하물 수속처)',

'Customs(통관)' 같은 단어들이 공항 곳곳에 자리 잡고 있었고, 그 글자들이 마치 나에게 말을 거는 것 같았죠.

"잘 지냈어? 우리 오랜만에 다시 만나네."

괌 시내로 향하는 택시 안에서 운전기사와 나눈 짧은 대화는 제게 새로운 감각을 일깨워 주었습니다.

"Where are you from?"

"I'm from South Korea."

"Oh, welcome to Guam!"

그는 뒤를 돌아보며 환하게 웃으며 저를 반겼습니다. 그 짧은 대화 속에서 영어가 단순히 정보를 주고받는 도구가 아니라, 사람과 사람을 이어주는 다리라는 걸 느꼈습니다. 낯선 나라에서 낯선 언어로 소통하는 순간, 영어는 저를 더 넓은 세상으로 이끌었습니다.

레스토랑에서 마주한 영어 메뉴판도 또 다른 설렘을 안겨 주었습니다. 'Tropical Salad(트로피컬 샐러드)', 'Pineapple Pancakes(파인애플 팬케이크)', 'Catch of the Day(오늘의 특선 요리)' 등 메뉴 속 단어들은 단순히 음식의 이름을 넘어, 그 나라의 분위기까지 전해 주는 듯했죠. 특히 'Catch of the Day'라는 문구는 단순히 신선한 생선을 뜻하는 말이었지만, 내게는 마치 '오늘 하루를 특별하게 즐기라'는 메시지처럼 다가왔습니다.

쇼핑몰에서도 영어는 새로운 의미로 다가왔습니다. 'Sale'이라는 단어가 크게 적힌 간판을 보는 순간, 어릴 적 영어 수업에서 'Sale'과 'Discount'의 차이를 배웠던 기억이 떠올랐죠. 그때는 시험 문제로만 접했던 단어였지만, 이제는 여행지에서 쇼핑의 즐거움과 연결되는 단어가 되었습니다. 이렇게 영어는 책을 통해 읽혀지는 문자가 아니라, 지금 내가 생생하게 부딪히고 만나는 삶의 순간을 누리게 하는 언어로 변해 있었습니다.

여행의 마지막 날, 작은 기념품 가게에서 한 장의 엽서를 발견했습니다. 엽서에는 이렇게 적혀 있었죠.
"Your adventure is just around the corner." (당신의 모험이 곧 시작됩니다.)
그 문장을 읽는 순간, 영어가 단순히 읽고 쓰는 기술 이상의 의미가 있는 언어라는 걸 깨달았습니다. 영어는 내 감정을 건드리고, 나를 설레게 하고, 새로운 시선을 열어주는 언어였습니다. 비행기를 타고 돌아오는 길, 작은 노트를 꺼내 여행 중에 만났던 영어 문장들을 적어 내려갔습니다. 'Catch of the Day', 'Adventure awaits.' 짧은 문장이었지만, 그 안에는 제가 경험한 순간과 감정이 담겨 있었죠. 이렇게 여행은 제게 영어의 또 다른 얼굴을 보여주었습니다. 영어는 책상 위에서 배우는 언어가 아니라, 길 위에서 경험하는 언어였죠. 메뉴판에서 발견한 한 단어, 현지인과 주고받은 짧은 인사, 쇼핑몰에서 본 익숙한 단어 하나까지. 여행지에서 마주한 영어는 제게 더욱 생생하게 다가왔습니다.

혹시 영어가 지루하고 부담스럽게 느껴진 적이 있나요? 그렇다면 가까운 곳이라도 여행을 떠나보기를 권합니다. 여행지에서 만나는 영어는 우리에게 새로운 설렘과 영감을 선물해 줄 테니까요.

– From Lily

Q

"What's the most memorable English word or phrase you've come across while traveling?"

여행 중 당신에게 가장 기억에 남는 영어 단어나 문장은 무엇인가요?

071

"A ship in harbor is safe, but that is not what ships are built for."

항구에 정박한 배는 안전하지만, 그것이 배가 만들어진 목적은 아니다.

John A. Shedd

"What's your favorite part of getting ready for a trip?"

여행을 준비할 때 가장 좋아하는 순간은 언제인가요?

Tip 목적지를 정하고, 일정을 짜고, 가방을 챙기는 시간을 통해 여행의 즐거움은 점점 커집니다. 어떤 순간이 당신을 가장 설레게 했나요?

Bookit's Examples

"Choosing what books to bring for the trip is one of my favorite parts."

여행에 가져갈 책을 고르는 순간이 내가 가장 좋아하는 부분 중 하나야.

"When I finally booked a one-way ticket without a plan, I realized adventure had begun."

계획 없이 편도 티켓을 예약한 순간, 진짜 모험이 시작됐다는 걸 깨달았어.

Today's Sentence

Today's Answer

"The soul should always stand ajar, ready to welcome the ecstatic experience."

황홀한 경험을 할 수 있도록 영혼은 언제나 살짝 열려 있어야 한다.

Emily Dickinson

Today's Question

"How do you feel before a trip?"

여행을 떠나기 전 당신은 어떤 기분이 드나요?

Tip 열린 마음으로 여행을 맞이할 때, 예상하지 못한 순간들이 우리를 찾아옵니다.

Bookit's Examples

"The night before a trip, I can hardly sleep from excitement."

여행 가기 전날 밤에는 너무 설레서 잠이 잘 안 와.

"I feel a mix of excitement and nervousness, wondering what unexpected moments await me."

설렘과 긴장이 뒤섞인 마음으로, 어떤 뜻밖의 순간들이 펼쳐질지 궁금해져.

Date.   .   .

Today's Sentence

Today's Answer

073

"I am always doing that which I cannot do, in order that I may learn how to do it."

나는 항상 할 수 없는 일을 한다. 그것을 할 수 있도록 배우기 위해서.

Pablo Picasso

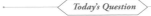
Today's Question

"What's one thing you tried for the first time on a trip?"

여행 중 처음으로 시도해 본 것은 무엇인가요?

Tip 여행은 새로운 경험을 통해 스스로를 확장하는 기회입니다. 용기를 내어 새로운 도전에 뛰어들었던 순간을 떠올려 보세요.

Bookit's Examples

"The first time I tried escargot in France, I was surprised by how much I liked it."

프랑스에서 처음 에스카르고를 먹어봤는데, 예상보다 맛있어서 놀랐어.

"I tried snorkeling for the first time in Bali and will never forget floating above the colorful fish."

발리에서 처음 스노클링을 했는데, 형형색색의 물고기 위를 떠다니던 순간을 잊지 못할 거야.

204

Today's Sentence

Today's Answer

074

"Afoot and light-hearted I take to the open road, healthy, free, the world before me."

나는 가벼운 마음으로 길을 나선다. 건강하고 자유롭게,

내 앞에는 세상이 펼쳐져 있다.

Walt Whitman, ⟨Song of the Open Road⟩

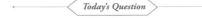

Today's Question

"Which country have you always wanted to visit?"

항상 가보고 싶었던 나라는 어디인가요?

Tip 오랫동안 가보고 싶었던 나라나 꼭 경험해 보고 싶은 여행지를 떠올려 보세요.

Bookit's Examples

"I've always dreamed of exploring the pyramids in Egypt."

나는 언제나 이집트의 피라미드를 탐험하는 꿈을 꿔왔어.

"I want to walk the streets of Paris and see the art I've only read about in books."

나는 파리의 거리를 걸으며 책에서만 읽었던 예술 작품들을 직접 보고 싶어.

Today's Sentence

Today's Answer

"The real voyage of discovery consists not in seeking new landscapes, but in having new eyes."

진정한 발견의 여행은 새로운 풍경을 찾는 것이 아니라, 새로운 시선을 가지는 것이다.

Marcel Proust

Today's Question

"What's something unexpected that made your trip even more special?"

여행 중 예상치 못했지만, 그 순간이 여행을 더 특별하게 만든 것은 무엇인가요?

Tip 예기치 않은 장소, 우연히 마주친 사람, 예상 밖의 경험이 때로는 가장 큰 감동을 남깁니다. 여행 중 만났던 작은 우연들을 떠올려 보세요.

Bookit's Examples

"I wandered into a small bookstore in Italy and ended up talking with the owner for hours."

이탈리아의 작은 서점에 우연히 들어갔다가 몇 시간 동안 주인과 대화를 나눴어.

"I randomly stepped into a cafe in Gangwon-do, and it turned out to be one of my favorite moments of the trip."

강원도에서 우연히 한 카페에 들어갔는데, 여행에서 가장 기억에 남는 순간 중 하나가 되었어.

Today's Sentence

Today's Answer

"A mind that is stretched by a new experience can never go back to its old dimensions."

한 번 확장된 마음은 절대 이전의 크기로 돌아갈 수 없다.

Oliver Wendell Holmes Sr.

"How did your second visit to a place feel different from the first?"

두 번째 방문한 여행지는 처음 갔을 때와 어떻게 달랐나요?

Tip 같은 장소라도 두 번째 방문하면 새로운 시각으로 보게 됩니다. 처음에는 모든 것이 낯설고 신기하지만, 다시 찾았을 때는 놓쳤던 것들을 발견하게 됩니다.

Bookit's Examples

"My first time in Jeju was all about famous spots. When I went back, I explored hidden beaches and small local shops."

처음 제주도에 갔을 땐 명소 위주로 다녔지만, 다시 갔을 땐 숨겨진

해변과 작은 가게들을 찾아다녔어.

Today's Sentence

Today's Answer

"Man cannot discover new oceans unless he has the courage to lose sight of the shore."

해안을 떠날 용기가 없으면 새로운 바다를 발견할 수 없다.

André Gide

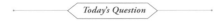

Today's Question

"Is there a trip you wish you had taken?"

떠났다면 좋았을 여행이 있나요?

Tip 여행을 망설였던 순간을 돌아보면, 그때 조금 더 용기를 냈다면 어땠을까 하는 아쉬움이 남기도 하죠. 지난간 기회가 아쉽다면, 앞으로 다가올 여행은 망설이지 말고 떠나보세요.

Bookit's Examples

"I turned down a weekend getaway with friends, thinking there'd be plenty of time later."

친구들과의 주말여행을 거절했는데, 나중에도 기회가 있을 거로 생각했어.

"I always thought there would be more time to travel with my parents, but now I regret not making it happen sooner."

부모님과 여행할 시간이 많을 줄 알았는데, 더 일찍 떠나지 못한 게 후회되네.

Today's Sentence

Today's Answer

078

"We do not learn from experience… we learn from reflecting on experience."

우리는 경험에서 배우는 것이 아니라, 경험을 돌아보면서 배운다.

John Dewey

Today's Question

"When you look back, what always makes you smile?"

돌아볼 때마다 항상 미소 짓게 만드는 것은 무엇인가요?

Tip 경험을 돌아보는 것은 단순한 회상이 아니라 새로운 깨달음을 얻는 과정이 되기도 합니다.

Bookit's Examples

"The smile in that photo reminds me of the happiness I felt at that time."

그 사진 속 미소는 그때 내가 느꼈던 행복을 떠올리게 해.

"I was stressed when I got lost in a foreign city, but now it's one of my favorite stories to tell."

낯선 도시에서 길을 잃었을 때는 스트레스를 받았지만 지금은 내가 가장 좋아하는

이야기 중 하나가 되었어.

Today's Sentence

Today's Answer

079

"There is nothing either good or bad, but thinking makes it so."

좋고 나쁜 것은 없다. 우리의 사고방식이 그것을 결정할 뿐이다.

William Shakespeare, 〈Hamlet〉

"What's your go-to mindset before traveling?"

여행 전에 항상 가지는 마음가짐은 무엇인가요?

Tip　어떤 마음으로 떠나느냐에 따라 같은 여행지도 전혀 다르게 느껴질 수 있습니다.

"The lighter my bag, the freer I feel."

가방이 가벼울수록, 내 마음도 자유로워져.

"I'm going with an open heart, ready to welcome whatever comes my way."

열린 마음으로 떠나서, 어떤 순간이든 받아들일 준비가 되어 있어.

Today's Sentence

Today's Answer

"I never travel without my diary. One should always have something sensational to read in the train."

나는 일기 없이 여행하지 않는다. 기차 안에서는
언제나 흥미진진한 읽을거리가 있어야 하니까.

Oscar Wilde, 〈The Importance of Being Earnest〉

Today's Question

"How do you keep your travel memories from fading over time?"

여행의 추억이 시간과 함께 흐려지지 않도록 어떻게 기억하나요?

Tip 여행의 순간은 쉽게 지나가지만, 기록으로 남기면 오래도록 간직할 수 있습니다.

Bookit's Examples

"I send postcards to myself from every place I visit—it's like receiving a memory in the mail."

여행할 때마다 나에게 엽서를 보내. 마치 미래의 나에게 추억을 선물 받는 느낌이야.

"I keep a small notebook with ticket stubs and receipts to remind me of where I've been and what I've done."

내가 다녀온 장소와 했던 일들을 기억하려고 작은 노트에 티켓 조각과 영수증을 보관해.

Date. . .

Today's Sentence

Today's Answer

A Page of Serenity

'북케이션(Bookcation)'을 들어본 적 있나요?
말 그대로 책과 함께 떠나는 휴가를 뜻해요.
책을 읽기 위해 떠난다는 게 얼마나 그럴싸한 핑계인지…….

한 번은 제주도에서 카페 '슬로보트'에 갔습니다.
바다 냄새가 코끝을 스칠 때 어니스트 헤밍웨이의 《노인과 바다
The Old Man and the Sea》를 펼쳤죠.
헤밍웨이가 쿠바에서 바다를 보며 이 책을 썼다는데 제주 바다를
보며 읽으니 감회가 새로웠습니다.

물론 꼭 멀리 떠날 필요는 없지요.
집 앞 카페에서 따뜻한 커피 한 잔과 좋아하는 책을 펼치면 그곳이
곧 당신만의 북케이션 장소가 될 수 있답니다.
이런 시간을 가져 보세요.
책의 페이지가 넘어갈 때마다 일상의 소음은 점점 멀어지고,
오롯이 나만의 시간이 시작될 거예요.

CHAPTER 5

Beyond

끝이 아닌 새로운 시작

저자 발음 영상

더 넓은
세상을 열어준 다리

영어는 단순한 언어가 아니라, 내가 몰랐던 세상을 열어주는 마법
같은 열쇠였습니다. 그리고 생각지도 못했던 이야기들과 연결해
주는 다리이기도 했죠. 영어 덕분에 국경을 넘어 더 넓은 세계를
경험하고 이해할 수 있었습니다.

영어의 진정한 매력을 처음 느꼈던 순간은 고등학교 시절,
몽골에서의 국제 봉사활동을 통해서였습니다. 교내 프로그램의
일환으로 참가한 봉사활동에서 저는 몽골의 전통 가옥인 게르에서
지내며 집을 짓는 일을 도왔습니다. 끝없이 펼쳐진 초원의 풍경
속에서 그곳 사람들과 짧은 영어로 소통하기 시작했죠.

처음에는 단순히 작업을 위한 대화였습니다.

"This brick here?" "Can you pass the rope?"처럼 필요한
것을 전달하기 위한 말들이었죠. 하지만 시간이 지나며 더 많은
이야기를 나누게 되었습니다. 함께 게르에 머물던 현지인들이 제게
물었습니다.

"Why did you come here?"

저는 진심을 담아 대답했습니다.

"I came to learn, but I also wanted to meet you."

그날, 서툴지만 진심을 담아 나눈 대화 속에서 현지인들의 얼굴에
번진 따뜻한 미소를 잊을 수 없습니다. 영어는 단순한 소통의
도구가 아니라 마음을 이어주는 언어라는 것을 깨닫게 되었죠.
완벽한 문법이나 유창한 발음이 아니라, 진심을 담아 나누는
대화가 더 중요하다는 것을 알게 되었습니다.

몽골의 초원에서 경험한 영어는 책상 위에서 배우던 것과는 전혀
달랐습니다. 낯선 이들과 마음을 나누고, 그들의 삶과 문화를
이해하는 통로였으며, 지구 반대편에 있는 사람들과도 감정을
나눌 수 있는 도구였습니다. 몽골에서 돌아온 후, 저는 영어를
통해 더 넓은 세계를 만나고 싶다는 열망을 품기 시작했습니다.
영어로 쓰인 책을 읽으며 다른 나라의 문화와 사회, 경제를 배웠고,

다큐멘터리를 보며 세상의 다양한 문제를 이해할 수 있었습니다. 몽골의 초원에서 만난 작은 게르와 사람들, 그리고 그들이 내게 건넨 짧은 영어 문장들은 내 안에 강렬한 인상을 남겼습니다.

"Language is a bridge."

언어는 다리다. 그들이 말했던 이 짧은 문장은 제가 영어를 배우는 이유를 한마디로 설명해 주었죠. 영어는 더 많은 세상을 이해하고, 더 많은 사람과 연결될 수 있는 다리였습니다.

지금도 저는 종종 생각합니다. 만약 제가 영어를 배우지 않았다면 이런 경험을 할 수 있었을까요? 아마도 지금과는 다른 세상을 보고 있을 것입니다. 영어 덕분에 저는 더 넓은 세상을 경험할 수 있었고, 더 깊이 이해할 수 있었습니다.

— From Lily

Q

"If English could open doors to new opportunities, what dream would you pursue?"

영어가 새로운 기회의 문을 열어 준다면 어떤 꿈을 추구하고 싶나요?

081

"The world is big, and I want to have a good look at it before it gets dark."

세상은 넓고, 어두워지기 전에 제대로 보고 싶다.

John Muir

Today's Question

"Why do you want to improve your English?"

당신이 영어를 잘하고 싶은 이유는 무엇인가요?

Tip 여행지에서 스스로 말할 수 있는 자유, 원서를 읽으며 느끼는 감동, 새로운 기회를 맞이할 자신감. 이 모든 것이 영어를 배우는 작은 동기이자 큰 목표가 될 수 있습니다.

Bookit's Examples

"When I travel, I want to speak for myself instead of relying on translation apps."

여행할 때 번역 앱에 의존하지 않고 직접 말하고 싶어.

"I want to read my favorite books in their original language and feel every word as it was meant to be."

내가 좋아하는 책을 원어로 읽고, 모든 단어를 본래의 의미 그대로 느끼고 싶어.

228

Today's Sentence

Today's Answer

"I am no bird; and no net ensnares me: I am a free human being with an independent will."

나는 새가 아니다. 어떤 그물도 나를 가둘 수 없다. 나는 자유로운 인간이며,
내 의지는 독립적이다.

Charlotte Brontë, 〈Jane Eyre〉

Today's Question

"What's something new you've been wanting to try lately?"

요즘 새롭게 도전해 보고 싶은 게 있나요?

Tip 새로운 언어를 배우는 것, 색다른 요리를 만드는 것, 가보지 않은 곳을 여행하는 것처럼
사소한 도전이라도 우리의 삶을 더 풍요롭게 만들어 줍니다.

Bookit's Examples

"I've never gone camping before, but I'd love to experience sleeping under the stars."

한번도 캠핑을 가본 적은 없지만, 별빛 아래에서 자는 경험을 하고 싶어.

"I've always wanted to learn a new instrument, and I think now's the time to start."

항상 새로운 악기를 배우고 싶었는데, 지금이 시작할 때인 것 같아.

Today's Sentence

Today's Answer

083

"The greatest thing in the world is not so much where we are, but in what direction we are moving."

세상에서 가장 중요한 것은 우리가 어디에 있느냐가 아니라,

어떤 방향으로 가고 있느냐다.

Oliver Wendell Holmes Sr.

Today's Question

"What do you tell yourself when things don't go as planned?"

계획대로 되지 않을 때 스스로에게 어떤 말을 하나요?

Tip 삶은 완벽한 직선이 아니라 방향을 찾아가는 여정이며, 때로는 예상치 못한 길이 더 큰 성장을 가져다줍니다.

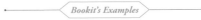

Bookit's Examples

"Failure is just a lesson, not a final destination."

실패는 하나의 배움이지 끝이 아니야.

"Focus on the possibilities ahead, not the problems behind."

뒤에 남은 문제보다 앞에 있는 가능성에 집중해.

Date. . .

Today's Sentence

Today's Answer

084

"The traveler sees what he sees, the tourist sees what he has come to see."

여행자는 보이는 것을 보고, 관광객은 보려고 온 것만 본다.

Gilbert K. Chesterton

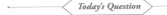
Today's Question

"Take a moment to slow down—what caught your eye today?"

잠시 속도를 늦추고 주변을 둘러보세요. 오늘 당신의 눈길을 사로잡은 것은 무엇인가요?

Tip 우리는 매일 같은 길을 걷고 같은 장소를 지나치지만, 가끔은 익숙한 풍경 속에서도 새로운 발견을 할 수 있습니다.

Bookit's Examples

"I was in a hurry, but I paused to watch a sunset."

급했지만 잠시 멈춰 노을을 바라봤어.

"I never paid attention to the tiny café by my house until today."

오늘에서야 집 근처 작은 카페가 눈에 들어 왔어.

Date. . .

Today's Sentence

Today's Answer

235

085

"To have another language is to possess a second soul."

다른 언어를 가진다는 것은 두 개의 영혼을 갖는 것과 같다.

Charlemagne

"What's an English word that feels special to you?"

당신에게 특별하게 느껴지는 영어 단어는 무엇인가요?

Tip   언어는 우리의 감정을 담아내고, 기억을 불러일으키는 특별한 힘을 가지고 있습니다.

"'Together' is my favorite word because life is meant to be shared."

'Together'이라는 단어를 좋아하는 이유는 인생은 함께 나눌 때 더 의미 있다고 믿기 때문이야.

"The word 'home' is special to me because it's not just a place, but a feeling."

'home'이라는 단어가 특별한 이유는 그저 장소가 아니라 하나의 감정 같아서야.

Date.   .   .

Today's Sentence

Today's Answer

086

"The limits of my language mean the limits of my world."

내 언어의 한계는 곧 내 세계의 한계이다.

Ludwig Wittgenstein, 《Tractatus Logico-Philosophicus》

Today's Question

"Have you ever felt frustrated because of a language barrier?"

언어의 장벽 때문에 답답했던 적이 있나요?

Tip 외국어가 서툴러 대화에 끼지 못했던 순간이나 하고 싶은 말을 제대로 전하지 못했던 경험이 있다면 그것이 더 넓은 세상으로 나아가는 계기가 될 수 있습니다.

Bookit's Examples

"I wanted to join a conversation, but I couldn't keep up, so I just nodded along."

대화에 끼고 싶었지만 따라가지 못해서 그냥 고개만 끄덕였어.

"I wanted to compliment someone's outfit, but I was afraid I'd say something wrong."

누군가의 옷차림을 칭찬하고 싶었지만 실수할까 봐 망설였어.

Date.   .   .

Today's Sentence

Today's Answer

239

087

"I opened myself to the gentle indifference of the world."

나는 세상의 부드러운 무관심에 나를 열었다.

Albert Camus, 〈The Stranger〉

Today's Question

"What lesson helped you accept yourself more?"

어떤 깨달음이 자신을 받아들이는 데 도움이 되었나요?

Tip 있는 그대로의 나를 받아들이는 순간 우리는 더 자유로워지고 성장할 수 있습니다.

Bookit's Examples

"The moment I let go of perfection, I started enjoying learning."

완벽함을 내려 놓는 순간 배우는 것이 즐거워지기 시작했어.

"At first, I didn't like my English pronunciation, but now I think of it as part of my identity."

처음에는 영어 발음이 마음에 안 들었지만, 지금은 내 개성으로 생각해.

Today's Sentence

Today's Answer

088

"Language shapes the way we think, and determines what we can think about."

언어는 우리가 사고하는 방식을 형성하며,

우리가 무엇을 생각할 수 있는지를 결정한다.

Benjamin Lee Whorf

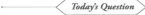
Today's Question

"When has English helped you in an unexpected way?"

예상치 못한 순간에 영어가 도움이 되었던 적이 있나요?

Tip 우리는 종종 자신의 영어 실력을 과소평가하지만, 예상치 못한 순간에
문득 도움이 되는 경험을 하곤 합니다.

Bookit's Examples

"I heard a conversation in English and realized I understood more than I thought."

영어로 된 대화를 들었는데, 생각했던 것보다 더 많이 이해하고 있다는 걸 깨달았어.

"A stranger asked me for directions in English, and I was surprised that I could help."

낯선 사람이 영어로 길을 물어봤는데, 내가 도와줄 수 있어서 놀랐어.

Date. . .

Today's Sentence

Today's Answer

"You can never understand one language until you understand at least two."

당신이 적어도 두 개 국어를 하기 전에는 하나의 언어를 절대 이해할 수 없다.

Geoffrey Willans

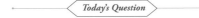

"What will you do first when you become fluent in English?"

영어가 유창해지면 가장 먼저 하고 싶은 건 무엇인가요?

Tip 영어를 잘하게 되면 하고 싶은 일들을 떠올려 보세요. 영어가 열어줄 가능성은 무궁무진합니다.

Bookit's Examples

"Watching movies without subtitles would feel amazing."

자막 없이 영화를 보면 너무 멋질 것 같아.

"I want to make friends from different countries and have meaningful conversations."

다양한 나라의 친구를 사귀고, 의미 있는 대화를 나누고 싶어.

Date.   .   .

Today's Sentence

Today's Answer

"Knowing yourself is the beginning of all wisdom."

자신을 아는 것이 모든 지혜의 시작이다.

Aristotle

"In what way has this book changed you?"

이 책이 당신을 어떻게 변화시켰나요?

Tip 이 책을 통해 당신이 깨달은 것, 달라진 점이 있다면 그것이
어떤 작은 변화든 의미 있는 한 걸음입니다.

Bookit's Examples

"I no longer hesitate when writing in English—I just let my thoughts flow."

이제 영어로 글을 쓸 때 망설이지 않아. 그냥 생각나는 대로 적어.

"The more I learn English, the more I feel connected to the world."

영어를 배울수록 세상과 더 깊이 연결되는 느낌이 들어.

Today's Sentence

Today's Answer

영어가
주는 소소한 행복의 순간들

영어는 마치 일상의 구석구석에서 나를 기다리고 있는 작은 선물 같은 언어입니다. 그 선물은 특별한 순간이 아니라, 소소한 일상 속에서 예기치 않게 찾아오곤 하죠. 한 번은 친구와 카페에서 이야기를 나누다가, 옆 테이블에서 들려오는 외국인 여행객들의 대화에 자연스레 귀를 기울이게 되었습니다.

"Do you know a good place to watch the sunset?"

잠시 망설였지만 용기를 내어 그들에게 다가갔습니다.

"Excuse me, there's a great spot near the riverbank. It's not far from here."

그들은 환하게 웃으며 감사 인사를 건넸고 나는 짧은 대화 뒤에도 한동안 마음이 뿌듯했습니다. 단순히 관광 정보를 알려준

것뿐이었지만 영어를 통해 누군가에게 도움이 될 수 있었다는 사실이 생각보다 큰 기쁨으로 다가왔습니다.

어느 날에는 서점에서 우연히 발견한 원서 한 권이 내게 작은 설렘을 안겨주었습니다. 고등학생 시절, 국문 번역본으로 읽었던 《작은 아씨들 Little Women》이었죠. 책장을 넘기는데 한 구절이 눈에 들어왔습니다.

"I am not afraid of storms, for I am learning how to sail my ship."(나는 폭풍이 두렵지 않아요. 나는 내 배를 항해하는 법을 배우고 있으니까요.)

그 문장은 단순한 영어 문장이 아니었습니다. 같은 이야기라도 영어로 표현된 문장은 국문 번역본보다 훨씬 생생하게 느껴졌죠. 마치 작은 아씨들 속 등장인물이 내게 직접 말을 걸며 용기를 건네는 듯했습니다. 영어는 그렇게 나의 일상 속에서 소소한 선물을 남겼습니다. 메뉴판에 적힌 한 단어, 지나가던 외국인의 짧은 인사, 영화나 드라마 속 주인공의 대사. 그 모든 순간이 모여 영어라는 언어를 나만의 특별한 경험으로 만들어 주었죠.

혹시 당신도 영어가 주는 소소한 선물을 받은 적이 있나요? 한 단어, 한 문장이 당신의 하루를 특별하게 만들어 줄지도

모릅니다. 영어 문장은 거창하고 화려한 단어로 꾸며야 하는
것이 아니죠. 그저 일상에 스며드는 작은 순간들만으로도 충분히
아름다운 언어가 될 수 있습니다. 그 작은 순간들이 차곡차곡
쌓였을 때 영어가 당신에게 펼쳐 줄 더 넓고 풍요로운 세상이
기대되지 않나요?

– From Jennie

Q

"What small joy has English brought you recently? And how could it open up a bigger world for you?"

최근 영어가 당신에게 준 작은 기쁨은 무엇인가요? 그 작은 순간들이 당신에게 어떤 더
넓은 세상을 열어줄 것 같나요?

091

"Every artist was first an amateur."

모든 예술가는 처음엔 아마추어였다.

Ralph Waldo Emerson

"What's something you've gotten better at?"

예전보다 더 잘하게 된 것은 무엇인가요?

Tip 처음에는 누구나 서툴고 부족한 순간이 있지만, 시간이 지나면
놀라운 변화를 경험할 수 있습니다.

"I couldn't even run a mile before, but now I've finished a 10km marathon."

예전에는 1마일도 제대로 못 뛰었는데, 이제는 10km 마라톤을 완주했어.

"I used to burn everything I cooked, but now I can make a perfect omelet."

예전에는 요리만 하면 태웠는데, 이제는 완벽한 오믈렛을 만들 수 있어.

Today's Sentence

Today's Answer

092

"I am not afraid of storms, for I am learning how to sail my ship."

나는 폭풍이 두렵지 않다. 내 배를 항해하는 법을 배우고 있기 때문이다.

Louisa May Alcott, 〈Little Women〉

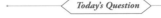

Today's Question

"What scares you the most?"

당신을 가장 두렵게 하는 것은 무엇인가요?

Tip   두려움은 누구나 가지고 있지만, 그것을 직면하고 극복하는 과정에서
우리는 더욱 강해집니다.

Bookit's Examples

"Losing the people I love is what scares me the most."

사랑하는 사람들을 잃는 것이 가장 두려워.

"The uncertainty of the future scares me, but I focus on what I can control today."

미래가 어떻게 될지 몰라 두렵지만, 오늘 내가 할 수 있는 것에 집중해.

Today's Sentence

Today's Answer

093

"Life isn't about finding yourself. Life is about creating yourself."

인생은 자신을 찾는 것이 아니다. 인생은 자신을 만들어 가는 것이다.

George Bernard Shaw

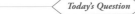 Today's Question

"How have you changed as you've grown older?"

나이가 들면서 당신은 어떻게 달라졌나요?

Tip 나이가 들수록 내가 어떤 사람인지 더 깊이 이해하게 되기도 하고, 예상과 다른 모습을 발견하기도 합니다.

 Bookit's Examples

"I never saw myself as creative, but now I enjoy expressing myself through writing."

나는 창의적이라고 생각한 적이 없었지만, 이제는 글쓰기를 통해 나를 표현하는 걸 즐겨.

"When I was younger, I wanted to be surrounded by people, but now I find peace in solitude."

어릴 때는 항상 사람들과 함께 있고 싶었지만, 이제는 혼자 있을 때 마음이 편안해져.

Today's Sentence

Today's Answer

094

"Reading without reflecting is like eating without digesting."

곱씹지 않고 책을 읽는 것은 소화하지 않고 먹는 것과 같다.

Edmund Burke

"What's your all-time favorite book?"

당신의 인생 책은 무엇인가요?

Tip　당신에게 가장 의미 있는 책 한 권을 떠올려 보세요.

"I read 《Tuesdays with Morrie》, and it reminded me what truly matters in life."

《모리와 함께한 화요일》을 읽고 삶에서 정말 중요한 것이 무엇인지 다시 생각해 보게 됐어.

"I picked up 《How to Win Friends and Influence People》 by Dale Carnegie, and it changed how I communicate with others."

데일 카네기의 《인간관계론》을 읽고 사람들과 소통하는 방식이 달라졌어.

Today's Sentence

Today's Answer

095

"Education is the kindling of a flame, not the filling of a vessel."

교육이란 그릇을 채우는 것이 아니라, 불을 지피는 것이다.

Socrates

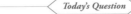
Today's Question

"What's something you still have a passion to learn?"

여전히 열정을 갖고 배우고 싶은 것은 무엇인가요?

Tip 배우고 싶은 게 있다는 건 아직도 세상이 궁금하고 설렌다는 뜻이죠. 불씨가 꺼지지 않도록 좋아하는 것에 더 깊이 빠져보거나, 오래 미뤄둔 걸 다시 시작해 보는 건 어떨까요?

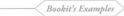
Bookit's Examples

"My passion for learning English is just as strong as ever."

나는 예전과 다를 바 없이 영어 공부에 대한 열정이 가득해.

"My reading list keeps growing, and I feel like I'll never catch up."

내가 읽고 싶은 책 목록이 계속 늘어나서 다 읽을 수 있을지 모르겠어.

Today's Sentence

Today's Answer

096

"If you look for perfection, you'll never be content."

완벽함을 추구하면 결코 만족할 수 없다.

Leo Tolstoy, 《Anna Karenina》

Today's Question

"What did you miss out on because you wanted to be perfect?"

완벽하고 싶어서 놓친 것이 있나요?

Tip 완벽함을 추구하는 마음은 우리를 성장시키지만, 때로는 시작조차
하지 못하게 만들기도 합니다.

Bookit's Examples

"I waited until I felt 'ready,' but that moment never came."

완벽히 준비될 때까지 기다렸는데 그런 순간은 오지 않더라.

"I wanted to make the perfect video, so I never uploaded anything."

완벽한 영상을 만들고 싶어서 결국 아무것도 올리지 못했어.

Today's Sentence

Today's Answer

"For better or for worse, you must play your own little instrument in the orchestra of life."

좋든 싫든 당신은 인생이라는 오케스트라에서 당신만의 작은 악기를 연주해야 한다.

Dale Carnegie, ⟨How to Stop Worrying and Start Living⟩

Today's Question

"If life were a song, what would you play?"

인생이 하나의 노래라면, 당신은 어떤 곡을 연주하고 싶나요?

Tip　우리 각자는 삶이라는 오케스트라에서 저마다의 역할을 맡고 있습니다. 중요한 것은 남들과 비교하는 것이 아니라 자신만의 리듬과 멜로디를 찾는 것입니다.

Bookit's Examples

"My song wouldn't be perfect, but it would be mine, and that's enough."

내 노래는 완벽하지 않을지라도 내 것이기에 충분해.

"Some days, my song flows smoothly like a quiet river, other days, it crashes like ocean waves."

어떤 날은 내 노래가 잔잔한 강물처럼 흐르지만, 어떤 날은 바다의 파도처럼 부서져.

Today's Sentence

Today's Answer

098

"Rivers know this: there is no hurry. We shall get there some day."

강물은 알고 있다. 서두르지 않아도 우리는 언젠가 도착할 것이다.

A.A. Milne, 《*Winnie-the-Pooh*》

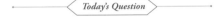
Today's Question

"Do you believe in yourself?"

당신은 스스로를 믿나요?

Tip 삶은 강물처럼 자연스럽게 흐르는 것입니다. 지금의 나를 믿고 하루하루를 쌓아가다 보면
결국 원하는 곳에 도달할 수 있습니다.

Bookit's Examples

"I trust myself to figure things out, no matter what."

나는 어떤 상황에서도 길을 찾아낼 수 있다고 믿어.

"I'll be as kind to myself as I am to my friends."

친구에게 하듯 나 스스로에게 다정할 거야.

Today's Sentence

Today's Answer

099

"Happiness is not something ready-made. It comes from your own actions."

행복은 이미 만들어진 것이 아니다. 그것은 당신의 행동에서 비롯된다.

Dalai Lama

Today's Question

"Are you happy right now?"

지금 행복한가요?

Tip 행복은 사소한 순간에도 찾아옵니다.

Bookit's Examples

"A cloudless blue sky is enough to make me happy."

구름 한 점 없는 푸른 하늘만 봐도 행복해.

"A warm cup of coffee on a cold day feels like a hug."

추운 날 마시는 따뜻한 커피 한 잔은 마치 포옹 같아.

Date. . .

Today's Sentence

Today's Answer

"He who climbs upon the highest mountains laughs at all tragedies, real or imaginary."

가장 높은 산에 오르는 사람은 실제든 상상이든 모든 비극을 비웃는다.

Friedrich Nietzsche

 Today's Question

"What's the first thing you'd do if you reached the top of a mountain?"

산 정상에 오른다면 가장 먼저 하고 싶은 일은 무엇인가요?

Tip 지금 눈을 감고 그 순간을 상상해 보세요.

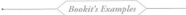 *Bookit's Examples*

"I'd whisper to myself, 'I did it.'"

스스로에게 속삭일 거야. '내가 해냈어.'

"I'd sit in silence and take it all in."

아무 말 없이 앉아서 그 순간을 온전히 느낄 거야.

Today's Sentence

Today's Answer

A Page of Serenity

여행 중에 우연히 만난 문장이 당신의 마음을 울렸던 적 있나요?
뉴욕의 작은 카페 벽에서 이런 문장을 발견했어요.
"Go where you feel most alive." (가장 살아있음을 느끼는 곳으로 가라.)

그 문장을 따라 쓰면서 여행 중 느꼈던 작은 순간들이 얼마나
특별한지 되돌아보게 되었어요.
또 한 번은 런던의 작은 서점에서 이런 문장을 봤죠.
"Wherever you go, go with all your heart." (어디를 가든 온 마음을
다해 가라.)
낯선 길을 걷는 것조차도 특별한 경험이 될 수 있다는 걸 그때 알게
되었답니다.

다음에 여행을 떠난다면 그곳에서 만난 영어 문장을 노트에
적어보세요.
그리고 여행이 끝난 후에도 그 문장을 읽으며 그 순간의 공기와
느낌을 다시 한번 떠올려 보세요.
여행이 남긴 추억은 이렇게 짧은 문장 속에 고스란히 담길 수
있답니다.

영어를 더 즐겁고
친숙하게 배우는 방법

영어는 일상의 작은 순간들과 어우러질 때 가장 자연스럽고 즐거운 언어가 된다. 필사하는 손끝에서, 귀로 듣는 팟캐스트의 대화 속에서, 화면 속 등장인물의 목소리와 이야기를 따라 가는 순간 영어는 더 이상 학습지 속의 거리감 느껴지는 단어가 아닌 온전한 나만의 경험으로 탄생한다.

부록에서는 영어를 조금 더 즐겁고 실용적으로 활용할 수 있는 다섯 가지 방법을 소개하려고 한다. 필사, 팟캐스트, 신문과 강연, OTT 콘텐츠, 그리고 짧은 일기 쓰기까지 모두 일상 속에서 영어를 새롭게 경험할 수 있는 방법들이다.

1 한 문장, 손끝에서 새겨지는 감각
필사

필사는 단순히 문장을 따라 쓰는 행위가 아니다. 문장을 손끝으로 옮기며 언어의 리듬과 문장의 구조를 느끼고, 단어 하나하나를 내 것으로 만들어 가는 과정이다. 필사는 당신의 언어 감각을 예리하게 할 뿐만 아니라 문장을 통해 삶의 의미와 감정을 깊이 느낄 수 있는 특별한 경험을 제공한다. 이런 필사를 더 효율적이고 즐겁게 할 수 있는 방법은 무엇일까?

1) 짧고 의미 있는 문장을 선택하라

필사의 시작은 '나에게 와닿는 문장을 고르는 것'이다. 긴 문장을 선택하기보다는 한두 줄 정도의 짧고 강렬한 문장을 고른다. 이런 문장은 부담을 줄이고 집중해서 쓰기에도 적합하다.

소설 속 주인공의 한 마디: After all, tomorrow is another day.
좋아하는 영화의 대사: To infinity and beyond.
마음에 와닿는 명언: Do what you can, with what you have, where you are.

짧지만 의미 있는 문장을 고르면 단순히 글자를 쓰는 것을 넘어 그 문장이 담고 있는 메시지를 온전히 느낄 수 있다.

2) 한 문장을 읽고, 따라 쓰고, 소리 내어 말하라

눈-손-입-귀를 모두 활용하는 통합적인 학습법은 기억력을 극대화하는 데 도움을 준다. 이 방법은 다음과 같은 단계를 포함한다.

읽기: 필사할 문장을 천천히 읽으며 문장의 리듬과 어조를 느껴본다. 이때 단어들이 어떻게 연결되어 있는지 구조를 이해하는 것이 중요하다.

쓰기: 문장을 따라 쓰면서 단어 하나하나를 의식적으로 받아들여 본다. 문장을 손으로 쓰는 과정에서 자연스럽게 철자와 문법 구조를 체득할 수 있다.

소리 내어 말하기: 필사를 마친 뒤 문장을 소리 내어 읽어보자. 발음과 억양을 느끼고, 문장이 담고 있는 감정을 다시 한번 체감할 수 있다. 이 과정은 영어 회화에도 큰 도움이 된다.

3) 꾸준함이 가장 중요하다

필사는 매일 조금씩, 꾸준히 하는 것이 가장 중요하다. 하루에 10분, 단 한 문장이라도 괜찮다. 너무 많은 양을 목표로 하기보다는 매일 실천 가능한 적당한 목표를 설정해서 실천한다. 예를 들어 매일 아침 커피를 마시며 한 문장을 필사하는 습관을 만들어 보는 식의 루틴을 정하는 것이다. 이러한 루틴은 필사를 학습이 아닌 일상 속 소소한 즐거움으로 만들어 준다.

4) 필사와 함께 메모를 남겨라

문장을 단순히 옮겨 적는 데 그치지 말고 그 문장이 나에게 어떤 울림을 주는지 기록해 본다. 이 문장을 왜 선택했는지, 문장이 내게 어떤 감정을 불러일으켰는지, 이 문장을 내 삶에서 어떻게 활용할 수 있는지를 적어 보는 것이다.

예를 들어 "Happiness is not by chance, but by choice."(짐 론, 행복은 우연이 아니라 선택이다.) 라는 문장을 필사했다면 '이 문장은 내가 내린 선택들로 지금의 행복이 만들어졌다는 걸 떠올리게 했다. 앞으로도 내 선택을 신중히 하자는 다짐을 하게 된다.'는 메모를 붙이는 식이다. 이런 메모들은 시간이 지나면서 당신만의 필사 일기가 되어 줄 것이다.

5) 나만의 문장을 만들어라

필사한 문장을 단순히 옮겨 적는 데서 멈추지 말고, 이를 기반으로 나만의 문장을 만들어 보자. "I trust myself."라는 문장을 필사했다면, "I trust myself to figure things out, no matter what." 이런 문장을 만들어 보는 것이다.

이 과정은 단순히 문장을 이해하는 것을 넘어 그 문장을 내 경험과 연결하게 도와준다. 이런 습관은 필사한 내용을 오래 기억할 수 있게 만든다.

6) 도구를 활용하라

좋아하는 필기구와 노트를 사용하는 것도 필사를 더욱 즐겁게 만들어 주는 작은 팁이다. 손글씨로 노트에 기록하면 더 큰 몰입감을 느낄 수 있다. 좋아하는 펜과 종이를 고르는 것만으로도 동기부여가 된다. 또 태블릿이나 필사 전용 애플리케이션을 활용하면 깔끔하고 편리하게 기록할 수 있다. 자신에게 맞는 도구를 선택해 필사를 지속 가능한 즐거운 습관으로 만들어 보자.

2 귀로 듣는 세상, 영어를 가까이 두는 시간
팟캐스트

바쁜 일상 속에서도 영어를 꾸준히 접하고 싶다면 팟캐스트가 최고의 도구가 될 수 있다. 팟캐스트는 시간과 장소에 구애받지 않고 영어를 들을 수 있는 매력적인 매체다. 출퇴근길에 산책할 때, 집안일을 하면서 귀로 들으면 자연스럽게 영어에 익숙해지게 한다. 팟캐스트를 활용한 듣는 영어는 단순한 듣기를 넘어 영어에 대한 흥미를 유지하는 것은 물론 흥미 있는 분야의 지식을 쌓게 한다.

1) 주제별로 나에게 맞는 팟캐스트를 찾아라
팟캐스트의 가장 큰 장점은 다양한 주제와 콘텐츠가 있다는 점이다. 자신의 관심사와 맞는 팟캐스트를 선택하면, 영어를 배우는 과정 자체가 즐거워진다.

초보자를 위한 팟캐스트

영어를 처음 접하거나 아직 유창하지 않다면, 속도가 느리고 단어 선택이 쉬운 팟캐스트를 선택하는 것이 좋다.

추천: 'The English We Speak'(BBC)

짧은 에피소드로 영어 관용구와 표현을 쉽게 배우며 흥미를 유지할 수 있다.

심화 학습자를 위한 팟캐스트

영어에 익숙하다면 자신이 좋아하는 주제를 다루는 팟캐스트를 선택한다.

추천: 'How I Built This'(NPR)

기업가들의 성공과 실패 이야기를 통해 영어 표현뿐 아니라 영감을 받을 수 있다.

2) 하루 20분, 부담 없는 듣기로 시작하라

팟캐스트는 짧게 들어도 효과적이다. 하루에 20분씩, 통근 시간이나 산책 시간에 들으면 꾸준히 영어를 접할 수 있다. 팟캐스트는 학습처럼 느껴지지 않으면서도 자연스럽게 언어를 익히는 데 큰 도움을 준다.

처음 들을 때 모든 내용을 이해하려 하지 말고, 전체적인 흐름을 느낀다. 두 번째 들을 때는 특정 표현이나 단어에 집중하자. 세 번째 들을 때는 주요 문장을 따라 말하며 영어 발음을 연습하자.

3) 듣지만 말고 따라 말하며 활용하라

팟캐스트를 듣는 것은 시작에 불과하다. 진짜 효과를 얻으려면 들은 내용을 활용해야 한다.

문장 따라 말하기(Shadowing)

팟캐스트 속 표현을 따라 말하며 영어 억양과 리듬을 익혀보라. 이 과정은 자연스러운 영어 발음을 배우는 데 큰 도움을 준다. 표현을 따라 말하면서 실제 대화에서 활용할 수 있는 자신감을 키울 수 있다.

중요 표현 기록하기

팟캐스트를 들으며 마음에 드는 문장이나 표현을 메모하면 좋다. 이후에 이 표현들을 일상에서 활용하면 영어 학습 효과가 배가 된다.

4) 실생활과 연결하라

팟캐스트에서 배운 영어는 실생활에서 바로 써볼 때 가장 효과적이다. 예를 들어 팟캐스트에서 배운 "It's a game changer"라는 표현이 있다면, 대화에서 새로운 기술이나 아이디어를 언급할 때 활용해 보자. 팟캐스트의 주제를 친구와 영어로 간단히 토론하거나 SNS에 감상을 짧게 영어로 남겨보는 것도 좋은 방법이 된다.

5) 억양과 발음의 다양성을 즐겨라

팟캐스트는 단순히 미국식 영어뿐만 아니라 영국식, 호주식, 심지어 남아프리카식 억양까지 접할 수 있는 기회를 제공한다. 다양한 억양과 발음을 익히면 더 넓은 세상과 연결될 수 있다.

추천 팟캐스트 목록

미국식 영어: "The Daily"(뉴욕타임즈 뉴스)

영국식 영어: "Happy Place"(펀 코튼의 따뜻한 대화)

호주식 영어: "The Health Code"(건강과 라이프스타일)

3 세상의 이야기를 통해 지혜를 찾아가는 여정
신문과 TED 강연

영어를 공부한다는 건 단순히 새로운 언어를 익히는 것을 넘어 세상을 이해하고 자신의 생각과 시야를 넓히는 경험을 선사한다. 신문과 TED 강연은 영어 학습을 넘어, 세상을 읽고 공감하며 더 깊은 통찰을 얻는 데 도움을 주는 두 가지 강력한 도구이다. 이 도구들을 효과적으로 활용하면 영어를 단순히 또 하나의 언어가 아닌 세상과 나를 연결하는 다리로 사용할 수 있다.

1) 짧고 쉬운 뉴스로 시작하기

신문은 복잡해 보이지만 사실 한 번만 제대로 활용법을 익히면 더없이 매력적인 도구가 된다. 특히 뉴스는 영어를 배움과 동시에 세계의 흐름을 파악할 수 있는 창구다. 뉴스 기사 전체를 읽으려 하기보다는 헤드라인과 첫 문단만 읽는 습관을 들여보자. 이 방법은 새로운 정보를 가볍게 접하면서도 핵심 내용을 파악할 수 있는 최적의 학습법이다.

'라이프스타일'이나 '여행' 혹은 '과학' 같은 관심 분야의 가벼운 섹션부터 시작해 보자. 초보자라면 BBC Learning English의 〈News Review〉처럼 영어 학습자를 위해 제공되는 뉴스 요약 콘텐츠를 활용하는 것도 도움이 된다. 흥미로운 기사 제목을 발견했다면 한두 문장을 필사하며 영어 표현을 익혀보자. 예를 들어 "Plastic pollution has become a global crisis."(플라스틱 오염이 세계적인 위기가 되었다.) 이 문장을 필사하며 중요한 단어와 표현을 손으로 익히는 건 단순히 단어를 외우는 것보다 훨씬 더 오래 기억에 남는다.

2) TED 강연 듣기

TED 강연은 영어를 배우는 데 있어 정보와 영감을 동시에 얻을 수 있는 최고의 도구이다. 특히 다양한 주제와 시각을 다루기 때문에 듣기 연습은 물론 삶의 통찰까지 얻을 수 있는 매체이다.

추천 강연

추천: 'The danger of a single story' by Chimamanda Ngozi Adichie
다양한 관점을 이해하는 중요성을 깨닫게 해주는 강연.
추천: 'What makes a good life? Lessons from the longest study on happiness'
by Robert Waldinger
행복한 삶에 대해 가장 오래된 연구에서 발견한 지혜를 나누는 강연.
추천: 'How great leaders inspire action' by Simon Sinek
강력한 리더십과 동기 부여에 대한 인사이트를 제공.

이 강연들은 내용뿐만 아니라 연사의 발음과 표현이 명확해서 듣기에 적합하다. 들을 때 강연의 첫 5분만 보며 주요 문장을 따라 말해보자. 연사의 억양, 발음, 리듬을 흉내 내면서 자연스럽게 영어의 리듬을 익힐 수 있다. 또 강연 속에서 마음에 드는 문장을 적고, 그 문장을 나만의 방식으로 해석하며 이해를 깊게 만드는 것도 중요하다.

3) 나만의 영어 스크랩 노트 만들기

신문과 TED 강연에서 배운 표현과 문장을 노트에 적어보자. 매주 하나의 주제를 정하고, 그 주제와 관련된 기사나 강연에서 마음에 드는 문장을 발췌하는 방식으로 노트를 활용해 보자. 예를 들어 환경에 관심이 있다면 "Climate change is not a distant threat; it's happening now." 같은 문장을 적고 관련된 단어와 표현을 확장해 나가는 식으로 해보는 것이다. 또 배운 단어를 활용해 짧은 에세이를 쓰거나 친구와 함께 토론하는 연습을 하면 더욱 효과적이다.

4 영화 한 편, 영어가 더 가까워지는 시간
OTT(넷플릭스) 시청법

넷플릭스와 같은 OTT 플랫폼은 영어 학습에 있어 더없이 훌륭한 동반자이다. 단순히 재미있는 콘텐츠를 감상하는 것에서 끝나는 것이 아니라 이 시간을 영어 실력을 키우는 기회로 만들어 보는 것이다. 좋아하는 영화나 드라마 한 편이 영어를 매력적이고 친근하게 만들 것이다.

1) 자막 설정의 마법
자막을 어떻게 활용하느냐에 따라 학습 효과가 달라진다.

첫 단계: 영어 콘텐츠를 보면서 한국어 자막을 설정한다. 대화를 이해하면서 이야기의 흐름을 잡는 데 효과적이다.

두 번째 단계: 영어 자막을 설정하고, 대사와 화면을 비교하며 표현을 익힌다.

마지막 단계: 자막 없이 시청하며, 듣기 실력을 점검해 보라.

초보자는 한국어 자막과 영어 자막을 번갈아 가며 사용하는 것도 좋다. 한 에피소드를 두 번 보더라도 자막 설정을 바꿔가며 본다면 학습 효과가 배가 된다.

2) 한 장면을 반복해서 보며 표현 익히기

영어 학습에 있어 한 장면을 반복적으로 보는 것은 매우 효과적인 방법이다. 특히 흥미로운 장면이나 유용한 표현이 등장하는 순간을 놓치지 마라. 한 장면을 보고 따라 말하며 표현을 익히거나 마음에 드는 표현이 있다면 장면을 멈추고 필사하거나 녹음을 한다.

3) 스크립트를 활용해 심화 학습하기

OTT 콘텐츠의 강점은 스크립트를 활용할 수 있다는 점이다. 인터넷에서 '영화 제목 + script'를 검색하면 해당 영화나 드라마의 대본을 쉽게 구할 수 있다. 시청한 장면과 대본을 비교하며 표현을 복습할 수 있다. 대본을 따라 읽는 것도 억양과 발음을 연습하기에 좋은 방법이 된다.

4) 문화적 배경 이해하기

OTT 콘텐츠는 단순히 언어를 배우는 것을 넘어, 영어권 문화와 생활을 이해하는 데 큰 도움을 준다. 예를 들어 〈The Crown〉은 영국 왕실의 역사와 문화를 엿볼 수 있는 드라마이다. 시청하면서 영어 표현뿐 아니라, 영국 사회의 관습과 사고방식을 배울 수 있다.

〈Friends〉 같은 시트콤은 미국의 일상 생활과 유머를 이해하는 데 최적화된 드라마이다.

5 나만의 문장으로 하루를 기록하는 법
일기

하루의 끝 침대 옆 작은 노트를 꺼내며 영어로 짧게나마 오늘을 기록해 본 적이 있는가? 영어로 일기를 쓰는 일은 영작 연습뿐 아니라 나 자신을 더 깊이 이해하고 하루를 다시 바라보는 시간을 선물한다. 복잡한 문법이나 완벽한 표현에 얽매일 필요는 없다. 오늘 하루를 짧은 문장 몇 줄로 정리하는 것만으로도 충분하다.

1) 단순하게 시작하라

많은 사람들이 영어로 일기 쓰기를 어렵게 느끼는 이유는 처음부터 너무 완벽히 하려고 하기 때문이다. 하루를 한두 문장으로 요약해 보는 것으로 시작하자. 문법적으로 완벽하지 않아도 괜찮다. 중요한 것은 당신의 하루를 영어로 표현하는 시도이다.

"It was a rainy day, but I enjoyed a cup of coffee at my favorite cafe."(비 오는 날이었지만, 내가 가장 좋아하는 카페에서 커피를 즐겼다.)

2) 감정을 담아보자

일기는 단순히 사실을 나열하는 것이 아니라 하루 동안 느꼈던 감정을 담는 데 큰 의미가 있다. 오늘 기뻤던 일, 슬펐던 일, 감사했던 일을 적어보자. 그날 하루의 감정을 담아 쓰다 보면 자연스럽게 영어로 감정 표현하는 법을 익히게 된다.

"I laughed so hard today that my stomach hurt."(오늘 배가 아플 정도로 크게 웃었다.)

"I was a little nervous about the meeting, but everything turned out fine."(회의가 조금 걱정됐지만, 결국 잘 끝났다.)

3) 다양한 질문으로 자신에게 이야기를 걸어라

하루를 돌아보는 데 질문은 큰 도움이 된다. 다음과 같은 질문들로 일기를 시작해 보라. 이렇게 질문을 던지고 그에 대한 답을 영어로 적다 보면 자연스럽게 다양한 문장을 만들 수 있다.

What made me smile today?(오늘 나를 웃게 만든 일은 무엇이었나요?)

What was the biggest challenge of the day?(오늘 가장 어려웠던 일은 무엇이었나요?)

What am I grateful for today?(오늘 내가 감사한 것은 무엇인가요?)

4) 나만의 패턴을 만들어라

영어로 일기 쓰는 일이 부담스럽게 느껴진다면 간단한 템플릿을
만들어 보는 것도 좋은 방법이다. 이런 구조를 반복적으로 사용하면
부담 없이 일기를 쓸 수 있다.

∘ Best Moment of the Day: 오늘 가장 좋았던 순간
"I took a long walk at sunset, and the sky was breathtaking."(해가 질 녘에
산책을 했는데, 하늘이 정말 아름다웠다.)
∘ One Thing I Learned Today: 오늘 내가 배운 것
"I learned how to make pasta from scratch."(처음부터 파스타를 만드는 법을
배웠다.)
∘ How I Felt Today: 오늘의 기분
"I did my best, and I'm proud of myself."(나는 최선을 다했고, 나 자신이
자랑스럽다.)

5) 일기 속에서 새로운 표현을 발견하라

일기를 쓰다 보면 특정 표현이나 단어가 반복적으로 등장하게 된다.
그 과정에서 자연스럽게 영어 어휘와 문장 구조를 익히게 된다.
모르는 단어나 표현이 떠오르면 번역기를 사용해서 검색해 보면
좋다. 이렇게 새롭게 배우게 된 표현은 노트에 따로 적어두자. 이렇게
일기 속에 새로운 단어와 표현을 스며들게 하면 자연스럽게 영어
실력이 쌓인다.

영어를 배우는 여정은 때로는 어려움이 따르기도 하지만, 그 속에는 무수한 가능성과 즐거움이 숨어 있다. 여기에서 소개하고 있는 팁들은 단순히 영어 실력을 높이기 위한 방법이 아니라 일상 속에서 영어를 더 자연스럽게 받아들이고, 즐기며 성장할 수 있는 작은 길잡이가 되어줄 것이다. 하루 10분이라도 좋다. 좋아하는 문장을 따라 써보고 팟캐스트를 틀어 두고 영화 속 대사를 따라해 보자. 이런 모든 순간이 당신의 삶을 조금 더 풍요롭게 만들어 줄 것이다. 중요한 것은 완벽함이 아니라 그 여정을 즐기는 우리의 마음일 것이다.

이 책을 쓰면서 우리는 다시 한번 깨달았습니다. 영어는 단순한 언어가 아니라 삶을 풍요롭게 만들어 주는 특별한 존재라는 것을요. 영어는 우리에게 새로운 세상을 보여주고 때로는 삶의 작은 쉼표가 되어 주었습니다. 책의 페이지를 채워 가는 동안 영어와 함께한 시간들을 되돌아보며 그것이 어떻게 우리의 성장을 이끌고 더 넓은 세상으로 안내했는지 떠올렸습니다.

릴리는 영어를 그저 시험을 위한 도구로 여기던 시절을 지나 진심으로 좋아하게 된 순간들을 공유했습니다. 제니는 영어를 통해 새로운 문화를 이해하고 다양한 사람들과 연결되며 더 큰 꿈을 꾸었던 경험을 이야기했습니다. 두 사람의 여정은 달랐지만 같은 결론에 도달했습니다. 영어는 우리의 삶을 조금 더 풍요롭고 특별하게 만들어 주는 언어라는 점이었습니다.

이 책은 영어에 대한 새로운 시각을 전하고 싶은 마음에서 시작되었습니다. 우리가 영어를 배우며 느꼈던 기쁨과 시행착오, 그리고 감동의 순간들이 이 책을 읽는 여러분께도 고스란히 전해지길 바랍니다. 이 책 속 칼럼과 문장들이 여러분의 삶에 작은 영감이 되고 따뜻한 동반자가 된다면 그보다 더 큰 기쁨은 없을 것입니다. 이 책을 덮는 순간, 영어가 여러분의 삶에 새로운 가능성과 기쁨을 선물하는 언어로 다가가길 진심으로 바랍니다.

감사의 말

영어를 사랑하는 모든 분들과 함께 이 책을 만들었습니다. 가장 먼저, 이 책을 읽고 있는 여러분께 깊은 감사의 마음을 전합니다. 영어를 배우며 설레고, 때로는 지치기도 했던 여러분의 여정이야말로 이 책이 탄생한 이유이자 가장 큰 원동력입니다. 이 책을 통해 영어가 조금 더 친숙한 존재로 다가오길, 그리고 언젠가 영어가 여러분의 삶 속에서 따뜻한 친구가 되길 바랍니다. 여러분의 노력과 열정에 공감하며, 이 책이 그 길에 작은 힘이 되길 바랍니다.

또한, 북킷(Bookit) 커뮤니티의 모든 멤버들에게도 특별한 감사를 전합니다. 함께 영어 원서를 읽으며 나누었던 이야기와 순간들이 이 책의 중요한 기반이 되었습니다. 북킷 멤버들의 열정이 없었다면, 이 책은 결코 완성될 수 없었을 거예요. 그리고 영어라는 언어 앞에서 크고 작은 도전을 마주한 모든 독자 여러분, 이 책은 여러분과 같은 길을 걷고 있는 사람들을 위해 만들어졌습니다. 영어가 더 이상 어려운 존재가 아니라, 삶 속에서 따뜻한 친구처럼 느껴지는 계기가 되길 간절히 바랍니다.

마지막으로, 이 책이 세상에 나올 수 있도록 함께 노력해 주신 모든 분께 감사드립니다. 영어가 가진 매력과 힘을 더 많은 사람들에게 전할 수 있도록 도와주신 덕분에, 우리는 이 책을 통해 독자들과 연결될 수 있었습니다.

이 책은 끝이 아니라 시작입니다. 영어를 통해 새로운 세상을 만나고, 그 과정에서 스스로를 더 사랑하게 되는 여정.
그 여정 속에서 이 책이 작은 동행자가 되기를 바랍니다.

CHECK PAPER

100일 동안의 필사 기록을 남겨 보세요.
필사하지 못한 날은 공백으로 남기고 필사한 날은 체크해 보세요.

									10
									20
									30
									40
									50
									60
									70
									80
									90
									100

문장수집 노트

특별히 마음에 드는 문장이 있다면 따로 모아서 기록해 보세요.

-
-
-
-
-
-
-
-
-
-
-
-
-
-
-
-
-
-

어제보다 더 나은
나를 위한 영어 필사책

초판 1쇄 발행 2025년 4월 8일

지은이 북킷
펴낸이 김영조
편집 김시연, 조연곤 | **디자인** 정지연 | **마케팅** 김민수, 조애리, 강지현 | **제작** 김경묵 | **경영지원** 정은진
외주 디자인 말리북 최윤선, 오미인, 조여름
펴낸곳 싸이프레스 | **주소** 서울시 마포구 양화로7길 44, 3층
전화 (02)335-0385 | **팩스** (02)335-0397
이메일 cypressbook1@naver.com | **홈페이지** www.cypressbook.co.kr
블로그 blog.naver.com/cypressbook1 | **포스트** post.naver.com/cypressbook1
인스타그램 싸이프레스 @cypress_book1 싸이클 @cycle_book
출판등록 2009년 11월 3일 제2010-000105호

ISBN 979-11-6030-247-7 13740